Francisco Miguel Paulo

Diversificação das Exportações Angolanas Desafios e Benefícios

Francisco Miguel Paulo

Diversificação das Exportações Angolanas Desafios e Benefícios

ScienciaScripts

Imprint

Any brand names and product names mentioned in this book are subject to trademark, brand or patent protection and are trademarks or registered trademarks of their respective holders. The use of brand names, product names, common names, trade names, product descriptions etc. even without a particular marking in this work is in no way to be construed to mean that such names may be regarded as unrestricted in respect of trademark and brand protection legislation and could thus be used by anyone.

Cover image: www.ingimage.com

This book is a translation from the original published under ISBN 978-3-659-76735-7.

Publisher:
Sciencia Scripts
is a trademark of
Dodo Books Indian Ocean Ltd. and OmniScriptum S.R.L publishing group

120 High Road, East Finchley, London, N2 9ED, United Kingdom
Str. Armeneasca 28/1, office 1, Chisinau MD-2012, Republic of Moldova, Europe
Printed at: see last page
ISBN: 978-620-7-95776-7

Índice:

Agradecimentos

Quero agradecer e manifestar o meu apreço a todas as pessoas que direta e indiretamente contribuíram para a elaboração desta tese de mestrado, começando pela Professora Isabel Horta Correia ao aceitar ser minha orientadora; ao Professor Alves da Rocha, ao Dr. Aslak Orre, ao Dr. Arne Wiig, ao Dr. Ivar Kolstad, que me incentivaram e encorajaram a escrever sobre este tema; ao Dorivaldo Pedro, ao Nanizeidio Eduardo e ao Patricio Neto por me terem cedido alguns dados que foram utilizados nesta investigação; Dra. Noelma d' Abreu e Dr. Ricardo d'Abreu por patrocinarem os meus estudos; Professor Filipe Rafael pelo seu amável apoio; Crystal Badgett pela revisão e correção do texto, a todos os membros da Universidade Católica de Angola (Reitor e todos os membros da Reitoria, Dr Justino Pinto de Andrade, Dr Miguel Manuel, Dr Salim Valimamade, Dr José de Amaral, Dr Emilio Londa, João Miranda) por me terem concedido a bolsa para fazer o mestrado; e aos membros da OSISA Angola (Elias Isaac e Albertina Delgado). Não esquecendo também a ajuda que recebi de Steinar Hegre, Aksel Mjeldheim, Soren Jensen, Dra Regina Santos, Dr Nelson Pestana, Margarida Teixeira, Precioso Domingos, Marco Paulo, Elsa Shichilenge, Marcio Daniel, Victor Chia, Dalvin Pipa, Cleiton Barros, Maria Sita, Sónia Moio, Zenilda Esperança, Martinho Mungongo, Leandra Tavares, Pedro Coelho, Tio André Paulo, Manuel António, Francisco Rocha, Mingied Sanza, Constantino Paulo, João Paulo, Nsekele Paulo, Siminha Nsekele, Eduardo Salgueiro, Jofre Nelembe, Isabel Casimiro, Graça Barros e muitos outros que não mencionei mas que estão na minha mente e no meu coração.

RESUMO

Nos últimos anos, vários investigadores publicaram artigos sobre a concentração das exportações, instando os decisores políticos dos países subdesenvolvidos a procurar diversificar as suas exportações, uma vez que isso pode contribuir para impulsionar o crescimento do PIB per capita. Investigadores como Imbs e Wacziarg (2003) e Hesse (2008) encontraram uma relação não linear em forma de U entre a concentração das exportações e o crescimento do PIB per capita em vários países não produtores de petróleo em todo o mundo. A fim de investigar esta relação, para o caso de Angola, foi aplicado um modelo de regressão do crescimento utilizando o estimador OLS com dados de séries temporais de 1995 a 2011. Angola é um país produtor de petróleo com uma das maiores concentrações de exportações do mundo, e verificámos que a maior concentração de exportações tem sido prejudicial para o crescimento do PIB per capita, tendo em conta que este crescimento teria sido maior se a concentração de exportações fosse menor. Neste livro, verá que, no caso dos países exportadores de petróleo, existe uma relação côncava não linear entre a concentração de exportações e o crescimento do PIB per capita e não uma curva em forma de U. O livro ajudá-lo-á a compreender a estrutura da economia angolana e das suas exportações.

Capítulo 1

1. Introdução

A diversificação das exportações é um tema muito importante que interessa não só aos decisores políticos, mas também aos investigadores de organizações internacionais e aos académicos. Vários trabalhos e estudos de caso (Hesse, 2008; Misztal, 2011; Carrère, Cadot, Strauss-Khan, 2011) mostraram a importância da diversificação das exportações para o crescimento económico em alguns países do mundo, encontrando uma relação positiva entre a diversificação das exportações e o PIB per capita, mostrando que uma diminuição do nível de concentração das exportações (aumento do nível de diversificação das exportações) leva a um aumento do crescimento do PIB per capita.

Num mundo volátil e incerto, os países com níveis mais elevados de concentração das exportações são muito sensíveis a qualquer alteração no mercado internacional que afecte gravemente a situação económica desses países em termos de crescimento, receitas, emprego e pobreza. Os dados da Conferência das Nações Unidas sobre Comércio e Desenvolvimento mostram claramente que os países em desenvolvimento são os que têm níveis mais elevados de concentração das exportações e, por sua vez, um crescimento económico mais volátil ao longo dos anos devido à menor diversificação das exportações, ao passo que os países desenvolvidos têm um crescimento económico mais estável em resultado de uma maior diversificação das exportações.

De acordo com a base de dados da UNCTAD, Angola é um dos países em desenvolvimento com maior concentração de exportações em África, com o índice de 0,971 em 2011 (medido pelo índice de Herfindahl). Este índice ilustra bem o quão concentradas são as exportações angolanas! De facto, os dados das Alfândegas de Angola mostram que o petróleo representa mais de 95% do total das exportações e, se combinado com os diamantes, a percentagem sobe para 98%.

As exportações angolanas dependem inteiramente do petróleo e dos diamantes, com maior ênfase no petróleo. O preço do petróleo, que é fixado no mercado internacional, "comanda" as perspectivas económicas do país; se o preço for alto num determinado ano, o crescimento económico é maior nesse ano, como aconteceu entre 2004 e 2008, e menor se o preço for baixo, facto que aconteceu em 2009 e 2010.

O facto de Angola ser um dos países com maior concentração de exportações em África (com todas as suas implicações em termos de crescimento volátil) mais a experiência do estágio de verão que fiz no ano passado no CMI na Noruega, motivaram-me a escrever esta dissertação de mestrado sobre este tema para ver se Angola pode realmente diversificar as suas exportações, apesar de não ser uma tarefa fácil e nem impossível; entre os principais motores da diversificação das exportações apresentados pela literatura, os que estão relacionados com Angola; os benefícios que podem advir deste processo; e se existe uma ligação entre a diversificação das exportações e o crescimento económico no caso de Angola.

Assim, nesta dissertação procuramos responder às seguintes **questões de investigação**: *Pode Angola beneficiar da diversificação das exportações? Em que medida é que a diversificação das exportações pode aumentar o crescimento do PIB per capita em Angola? Será que Angola segue o padrão em forma de U na relação entre a concentração das exportações e o crescimento do PIB per capita, como Hesse (2008), Imbs e Wacziarg (2003) argumentaram ser o caso da maioria dos países do mundo?*

É importante destacar que este trabalho se diferencia dos demais por estudar especificamente o caso angolano, claro que segue a literatura e os estudos de caso de Hesse (2008), onde mostrou a relação positiva entre a diversificação das exportações e o crescimento económico em mais de 90 países, e de Misztal (2011) que estudou apenas os países europeus, mostrando que a diversificação das exportações nesses países tem aumentado o crescimento do PIB per capita.

Capítulo 2

2. Revisão da literatura

2.1 A importância da diversificação das exportações (Porquê diversificar as exportações, alguns factos estilizados)

Um provérbio popular africano diz que *é importante e necessário não semear apenas um tipo de cultura, porque se esta falhar toda a aldeia será gravemente afetada e sofrerá*. Este provérbio ajuda-nos a ver como é importante e crucial para um país não depender apenas de um produto de exportação ou concentrar a sua exportação em poucos bens nestes tempos incertos e turbulentos que vivemos atualmente, embora a teoria clássica de David Ricardo (1817) tenha salientado que cada país deve especializar-se e concentrar-se na produção e exportação dos bens em que tem vantagens comparativas em relação aos seus parceiros comerciais[1] .

A teoria do comércio internacional iniciada por Adam Smith (1775) no seu livro clássico "*A Riqueza das Nações*" e desenvolvida em pormenor por Ricardo (1817) no seu livro "*Princípios de Economia Política e Fiscalidade*" (onde formulou a lei das vantagens comparativas e deu o exemplo clássico de Portugal e Inglaterra sobre a produção e exportação de vinho e tecidos pelos dois países e argumentou que, uma vez que Portugal tem vantagens comparativas na produção de vinho em relação à Inglaterra, deveria concentrar-se neste produto e a Inglaterra, por outro lado, na produção de vestuário, uma vez que tinha vantagens comparativas em relação a Portugal), e alargada nos tempos modernos pela teoria de Heckscher-Ohlin-Samuelson, insta as nações a concentrarem os seus esforços na produção e exportação de bens e serviços nos sectores em que têm vantagens comparativas em relação aos seus parceiros comerciais.

No entanto, a teoria do comércio internacional não implica que as nações não devam diferenciar as exportações, produzindo e exportando conjuntos diversificados de bens e serviços. A falta de vantagem comparativa não deve impedir um país de produzir e exportar produtos diferentes, tendo em conta que se pode aprender a melhorar a eficiência da produção não retendo, mas sim produzindo. Além disso, existem razões sólidas e válidas para que um país se esforce por diversificar as suas exportações e não as concentre num pequeno número de produtos.

A literatura sobre a diversificação das exportações apresenta várias razões e alguns factos estilizados que justificam que um país se esforce por diversificar as suas exportações, entre os quais: em primeiro lugar, o efeito positivo que a diversificação das exportações tem no PIB per capita; em segundo lugar, o papel da diversificação das exportações como proteção contra a flutuação ou volatilidade setorial; em terceiro lugar, o impacto da diversificação das exportações na maldição dos recursos naturais ou doença holandesa; e, por último, o efeito da diversificação das exportações na melhoria da democracia.

Vamos agora examinar cada uma das razões acima mencionadas para ver a importância da diversificação das exportações e por que razão os países devem definir políticas económicas que a visem.

2.1.1 Primeira razão: a diversificação das exportações tem um efeito positivo no crescimento do PIB per capita

Em tese, um país que diversifica as exportações produz mais bens e serviços diferentes com o mesmo número de trabalhadores e, com isso, aumenta a produção interna bruta per capita. De facto, isto não acontece de forma linear, uma vez que, segundo Imbs e Wackziarg (2003), a relação entre a concentração das exportações (medida pelo índice de Gini) e o PIB per capita,

---

[1] É claro que Ricardo desenvolve o seu modelo num ambiente estático.

representada graficamente, tem uma curva em forma de "U". Os autores argumentam que a diminuição da concentração das exportações (que implica o aumento da diversificação das exportações) conduz a um aumento do nível do PIB per capita até um determinado montante (um limiar que calcularam entre 9 e 11 mil USD), a partir do qual um país começa a especializar-se na exportação de alguns bens e serviços, o que levará a uma nova concentração das exportações.

Também Hesse (2008), no seu documento de trabalho, encontrou provas empíricas de um efeito positivo da diversificação (concentração) das exportações no crescimento do PIB per capita. Segundo ele, o "efeito é potencialmente não linear, com os países em desenvolvimento a beneficiarem da diversificação das suas exportações, em contraste com os países mais avançados, que têm um melhor desempenho com a especialização das exportações"[2] .

Um estudo empírico mais recente realizado por Misztal (2011) sobre a *diversificação das exportações e o crescimento económico nos EstadosMembros da União Europeia* concluiu que "durante os anos de 1995 a 2009, a diversificação (concentração) das exportações foi um dos factores mais importantes que determinaram o nível do PIB per capita na UE"[3] . Concluiu que o impacto da concentração das exportações nas alterações do PIB per capita era de cerca de 0,33 e que mais de 30 por cento da variabilidade do rendimento per capita na UE se devia às alterações do índice de concentração das exportações. É importante salientar que, no caso particular dos países da UE, o autor não encontrou uma curva em forma de U, como fizeram Imbs e Wickziarg em 2003, mas sim uma curva em forma de W, o que significa, segundo ele, que entre 1995 e 2009 "a diversificação das exportações aumentou nos países da UE com um PIB per capita relativamente baixo, enquanto a concentração das exportações aumentou nos países com um PIB per capita relativamente elevado"[4] . Relativamente ao limiar de rendimento per capita a partir do qual os países da UE que estudou aumentaram o seu nível de concentração das exportações, foi de 6.000 USD para os países mais pobres e de cerca de 20.000 USD para os países mais ricos da UE.

Assim, é fundamental diversificar as exportações (reduzir o índice de concentração das exportações) para se obter um maior nível de crescimento do PIB per capita e gerar mais rendimento para as populações da economia.

2.1.2 Segunda razão: a diversificação das exportações pode servir de proteção contra a volatilidade do crescimento económico

As estatísticas mundiais sobre o crescimento económico mostram-nos claramente que as taxas de crescimento, ao longo do último século, dos países pobres de todo o mundo são mais voláteis e instáveis do que as dos países ricos e mais desenvolvidos. Porquê? Porque é que os países pobres enfrentam maior flutuação e instabilidade de crescimento do que os países ricos? A resposta a esta pergunta ajuda-nos a perceber a importância da diversificação.

Koren e Tenreyro (2007), no seu estudo sobre a *volatilidade e o desenvolvimento*[5] , efectuaram uma análise contabilística da volatilidade a fim de descobrir a origem da volatilidade do crescimento nos países pobres. Apresentaram três razões principais, uma das quais é o facto de os países menos desenvolvidos concentrarem a sua produção em menos sectores e mais voláteis e de, frequentemente, os sectores em que se especializam serem afectados por choques agregados, quer internos (devido a riscos específicos do país, como a

---

[2]Hesse, H., 2008. Export Diversification and Economic Growth: Commition on Growth and Development, Documento de Trabalho n.º 21, página V.

[3] Misztal (2011), *Export diversification and economic growth in European Union member states*, Oeconomia 10 (2) 2011, página 63

[4] Misztal (2011), Eexport *diversification and economic growth in European Union member states*, Oeconomia 10 (2) 2011, página 63

[5] Este artigo foi publicado no The Quarterly Journal of Economics, páginas 243-287, fevereiro de 2007

instabilidade política ou mesmo a política macroeconómica), quer externos (provenientes dos mercados internacionais). Concluíram que quase 50% da volatilidade que os países pobres experimentam se deve ao facto de se concentrarem ou especializarem em menos sectores e mais voláteis. O mesmo não acontece com os países ricos, uma vez que têm uma estrutura económica mais diversificada, o que lhes permite ter uma estrutura de exportações mais diversificada.

Assim, Koren e Tenreyro (2007) mostraram que, ao terem uma estrutura económica diversificada (que, por sua vez, conduz a uma estrutura de exportações diversificada), os países desenvolvidos conseguem proteger-se contra a volatilidade do crescimento económico e manter o seu desenvolvimento económico. Os países menos desenvolvidos, se quiserem proteger-se da instabilidade do crescimento que têm vindo a enfrentar ao longo dos anos, devem esforçar-se por diversificar a sua estrutura de produção, produzindo e exportando novos produtos e não confiando apenas nos sectores de produção existentes, que são menos numerosos e voláteis e constituem a principal fonte de rendimento.

A crise financeira e económica internacional que afectou e continua a afetar o mundo nos dias de hoje foi um alerta para todos os países e, em particular, para os países pobres, no sentido de diversificarem as suas economias e exportações se não quiserem voltar a passar pela mesma experiência nos próximos anos. Os países com uma estrutura económica mais diversificada foram menos afectados por esta crise, o que revela claramente que a diversificação da estrutura das exportações é, de facto, uma proteção ou um escudo contra a volatilidade económica e os países pobres são instados a fazê-lo se quiserem ter um crescimento e um desenvolvimento económico menos volátil e sustentável.

2.1.3 Terceira razão: o impacto positivo que a diversificação das exportações pode ter na luta contra a maldição dos recursos naturais e a doença holandesa

Está bem documentado na literatura económica, através de dados estatísticos e de investigações empíricas, que a maioria dos países ricos em recursos naturais em todo o mundo[6], especialmente na América do Sul e em África, têm tendência a não crescer de forma rápida e constante, apesar da abundância de recursos naturais que possuem. Este fenómeno é designado por maldição dos recursos naturais devido ao facto de os recursos nestes países, em vez de impulsionarem um crescimento económico sustentável, serem na realidade vistos como prejudiciais ao crescimento. Sachs e Warner (1995), no seu documento de trabalho intitulado *natural resources abundance and economic growth (abundância de recursos naturais e crescimento económico)*, documentaram aquilo a que chamaram uma prova estatisticamente significativa da relação negativa entre a intensidade ou concentração de recursos naturais e o crescimento económico subsequente, confirmando assim empiricamente a teoria da maldição dos recursos naturais.

Outro fenómeno ligado à maldição dos recursos naturais é a doença holandesa que, para alguns, é vista como uma das causas da maldição dos recursos naturais, uma vez que a chamada doença é a exclusão dos sectores da economia que não dispõem de recursos naturais, como a indústria transformadora, causada pelo aumento da taxa de câmbio real e dos salários, impulsionado pelo aumento das receitas das exportações de recursos naturais, prejudicando assim os outros sectores produtivos da economia. No entanto, Frankel (2010) argumentou que, ao ver a Doença Holandesa desta forma, estamos de facto a referir-nos à maldição dos recursos naturais.

---

[6] É claro que, com exceção de países como a Austrália, o Botsuana, o Chile, o Canadá e a Noruega, que, embora ricos em recursos naturais, conseguiram ser "vencedores do crescimento", tirando pleno partido dos seus recursos para diversificar a sua economia e manter, desta forma, um crescimento económico estável e sustentável, em contraste com outros países como Angola, Bolívia, Congo Democrático, Nigéria, Zâmbia, Arábia Saudita e Venezuela. Mehlum et al (2006*), Institutions and the resource curse*, The Economic Journal, 116 (janeiro) páginas 1-20.

Tendo em conta o efeito nefasto que a maldição dos recursos naturais e a doença holandesa têm no crescimento económico, que papel pode ter uma diversificação da estrutura económica para contrariar este efeito? Bem, Matsuyama (1992), no seu trabalho em que formalizou um modelo de crescimento endógeno que demonstrou a relação entre a produtividade agrícola e o crescimento, dá a intuição de que a indústria transformadora se caracteriza por aprender fazendo, o que implica que uma diversificação da indústria extractiva (de recursos naturais) para outros sectores económicos, como os serviços e a indústria transformadora, poderia ajudar a impulsionar um crescimento económico sustentável.

Por esta razão, a diversificação das exportações, se for levada a sério, pode ser utilizada como uma razão válida para definir políticas económicas destinadas a promover a diferenciação das exportações através da diversificação da estrutura económica, utilizando as receitas provenientes das exportações de recursos naturais para reforçar e apoiar os sectores não relacionados com produtos de base da economia. Uma economia bem ou razoavelmente diversificada e, consequentemente, uma estrutura de exportações, pode ser vista como *um escudo* contra a tendência de permitir que as receitas provenientes da extração de recursos naturais prejudiquem e excluam os outros sectores da economia. Neste caso, os decisores políticos são obrigados a ponderar cuidadosamente as vantagens e desvantagens, não só a curto prazo, mas também a longo prazo para a economia como um todo, de permitir a existência ou a presença deste fenómeno prejudicial na economia. É por isso que defendemos que a promoção da diversificação das exportações pode ter um efeito positivo na exclusão dos fenómenos da maldição dos recursos e da doença holandesa na economia.

2.1.4 Quarta razão: a diversificação das exportações pode contribuir para a melhoria da democracia

A transição de instituições oligárquicas (ou ditatoriais) para instituições democráticas ao longo dos séculos foi conseguida, em alguns casos, com a emergência de classes médias e o seu consequente empoderamento económico a partir da participação gradual na estrutura de propriedade das actividades económicas existentes e em novas actividades. Acecmoglu (2008) argumentou que os elevados níveis de distribuição de rendimentos que podem ser obtidos em instituições democráticas são uma das caraterísticas atractivas da democracia. Segundo ele, as sociedades democráticas "podem estar mais aptas a tirar partido das novas tecnologias[7] ", o que permite criar novas empresas mais rapidamente do que nas sociedades ditatoriais.

A medida em que a diversificação pode conduzir a melhores instituições democráticas tem de ser cuidadosamente analisada, tendo em conta o facto de nem todas as formas de diversificação conduzirem a melhores instituições; este alerta vem de Wiig e Kolstad[8] (2011). Estes dois investigadores noruegueses argumentam que é o padrão de atividade industrial, no qual se centra uma economia, que afecta instituições como a democracia, e não a diversificação em si, e que, se a diversificação tem um impacto positivo nas instituições, em alguns casos a diversificação pode ser difícil de realizar quando intimida o poder do partido ou da elite no poder.

Embora nem todas as formas de diversificação conduzam a instituições democráticas reforçadas, é um facto que a diversificação aumenta o rendimento per capita e, se for bem distribuído, melhorará a capacidade económica dos cidadãos, o que, por sua vez, lhes permitirá mais provavelmente auferir rendimentos mais elevados e dar-lhes-á mais poder para exigir ou requerer mudanças nas instituições que possam beneficiar todos na economia e não

---

[7] Acecmoglu (2008), *Oligarchic versus Democratic Societies*, Journal of the European Economic Association março de 2008 6(1) página 1

[8] Arne Wiig e Ivar Kolstad são ambos economistas e investigadores seniores no Instituto Chr. Michelsen (CMI) da Noruega

apenas a elite governante. Assim, é bom promover a diversificação das exportações, tendo em conta o seu efeito na qualidade das instituições e na democracia económica ou no liberalismo.

Após a revisão da literatura, vamos agora ter uma visão geral da economia angolana, que é o objeto de estudo desta dissertação de mestrado, para ver como se está a sair no caminho da diversificação, que benefícios pode tirar da diversificação das suas exportações e os desafios envolvidos.

2.2 Medidas de concentração das exportações (diversificação): os principais indicadores

O conjunto da literatura sobre a diversificação das exportações utiliza, de facto, indicadores da literatura sobre a distribuição do rendimento, que medem a concentração do rendimento, para calcular as medidas de diversificação das exportações.

De facto, o que é calculado por estes indicadores é a concentração das exportações e, por extensão, é aplicado para medir a diversificação das exportações, tendo em conta que, se o nível de exportação de um determinado país é concentrado, significa que não é diversificado; e, inversamente, se o nível de exportação é menos concentrado, implica diversificação das exportações. A este respeito, os índices de concentração das exportações mais utilizados na literatura são Herfindahl, Theil e Gini. Na subsecção seguinte, começamos por definir essas medidas.

2.2.1 O Índice de Herfindahl

Este índice de concentração é o utilizado pela CNUCED e é calculado de acordo com a seguinte fórmula[9] :

$$H_j = \frac{\sqrt{\sum_{i=1}^{n} \left(\frac{x_i}{X}\right)^2} - \sqrt{1/n}}{1 - \sqrt{1/n}}$$

Onde:

Hj = índice Herfindahl de concentração das exportações de um determinado país xi = valor das exportações do produto i

$$X = \sum_{i=1}^{n} x_i$$

Em que X representa o valor total das exportações e n = número de produtos (Revisão 3 da SITC a nível de grupo de 3 dígitos).

O índice Herfindahl é normalizado para variar entre zero e um. Um valor próximo de zero implica uma diversificação total das exportações, enquanto valores próximos de um significam uma elevada concentração das exportações.

2.2.2O Índice de Theil

Este índice é determinado através da seguinte fórmula:

$$T = \frac{1}{n} \sum_{i=1}^{n} \frac{x_i}{\mu} \ln\left(\frac{x_i}{\mu}\right)$$

Onde

$$\mu = \frac{\sum_{k=1}^{n} x_k}{n}$$

Representa o valor médio das exportações,

n= número total de produtos diferentes exportados (número de linhas de exportação) e

---

[9] Esta fórmula foi retirada de http://unctadstat.unctad.org/TableViewer/summary.aspx

Xi = valor das exportações do produto i

Carrère, Cadot e Strauss-Khan (2011) argumentaram que o índice T'liciTs é de particular interesse porque "pode ser calculado para grupos de indivíduos (linhas de exportação) e decomposto aditivamente em componentes intragrupos e intergrupos (ou seja, os componentes intragrupos e intergrupos somam-se ao índice global)"[10] .

Por conseguinte, o seu índice é geralmente decomposto em dois subíndices, o índice *entre* grupos e o índice *no interior dos* grupos. Esta decomposição ajuda a calcular o nível de concentração que pode existir dentro de uma linha de exportação específica (que é constituída por diferentes produtos da mesma categoria) ou o nível de concentração que pode existir entre linhas de exportação.

O subíndice Entre grupos como

$$T^B = \sum_{j=0}^{1} \frac{n_j}{n} \frac{\mu_j}{\mu} \ln\left(\frac{\mu_j}{\mu}\right)$$

O Dentro de grupos é definido como

$$T^w = \sum_{j=0}^{1} \frac{n_j}{n} \frac{\mu_j}{\mu} T^j \quad , T^j = \frac{1}{n_j} \sum_{i \in j} \frac{x_i}{\mu_j} \ln\left(\frac{x_i}{\mu_j}\right)$$

Onde

T^j = O seu subíndice para o grupo j (J=0,1)

nj = número de linhas de exportação no grupo j e $\mu_j =$ grupo j^z s valor médio de exportação

Para melhor compreender a evolução da diversificação das exportações e a forma como esta ocorre em geral, a literatura faz uma distinção entre as chamadas margens intensiva e extensiva das exportações. A margem intensiva, de acordo com Hummels e Klenow (2005), consiste em exportar maiores quantidades de cada bem existente incluído no número atual de linhas de exportação; neste caso, um país exporta mais volume dos produtos ou bens que tem vindo a comercializar. Na margem extensiva, no entanto, é exportado um conjunto mais alargado de bens, diferentes dos bens existentes. Aqui, uma economia produz e exporta novos bens, aumentando o número de linhas de exportação. Enquanto na margem intensiva, o número de linhas de exportação permanece o mesmo, uma vez que o que está a ser exportado é o mesmo produto, mas em maior volume.

2.2.3 Margens intensivas e extensivas de Hummels e Klenow

Estes dois autores apresentaram uma forma eficaz de medir as margens intensiva e extensiva das exportações no seu artigo sobre "The Variety and Quality of a Nation's Exports", publicado em 2005. Neste artigo, apresentaram fórmulas para calcular a margem intensiva e a margem extensiva. As fórmulas que são utilizadas nesta secção são, de facto, uma versão de Cadot Et Al (2012), uma vez que no seu trabalho as fórmulas são apresentadas de forma mais compreensível de acordo com o nosso objetivo. Assim, estas duas medidas podem ser definidas utilizando:

    1. Margem intensiva

$$IM^a = \frac{\sum_{k \in G_1^a} x_k^a}{\sum_{k \in G_1^a} x_k^W}$$

    2. Margem alargada

$$EM^a = \frac{\sum_{k \in G_1^a} x_k^W}{\sum_{k=1}^{m} x_k^W}$$

---

[10] Cadot e Strauss-Khan (2011) página 2

Onde

a É um subscrito que representa um determinado país;

$x\mathcal{E}$ O valor da exportação do país a do bem k $x]f$ A exportação mundial do bem k

Gf Representa o grupo de rubricas de exportação activas do país a e m Número total de mercadorias exportadas a nível mundial.

No que diz respeito à margem intensiva, a fórmula ajuda-nos a saber quanto das exportações mundiais de um determinado bem é exportado por um país, ou seja, a parte desse bem nas exportações mundiais desse bem. A margem extensiva, segundo Hummels e Klenow, "pode ser considerada como uma contagem ponderada das linhas de exportação activas do país a *em relação às do mundo*"[11]. Essencialmente, esta margem diz-nos "quanto dos bens que o país a exporta conta no comércio mundial"[12].

Se se quiser calcular a quota do país no comércio mundial, basta multiplicar as duas margens, ou seja *(IM^a * EM^a* = quota do país no total das exportações mundiais).

2.2. 4Gini Index

O índice de Gini é muito utilizado em diferentes domínios da economia e de outras ciências. Para medir a concentração das exportações utilizando este índice, basta ordenar as exportações por ordem crescente de dimensão e calcular as quotas de exportação cumulativas. Para definir o índice, definimos

Quotas de exportação $s_i = \dfrac{x_i}{x_k}$ e quotas de exportação acumuladas $X_k = \sum_{i=1}^{k} s_i$.

Desta forma, o Índice de Gini será definido por

$$G = 1 - \sum_{k=1}^{n} \left(\frac{(X_k - X_{k-1})}{n} \right)$$

Este índice varia entre zero e um, sendo que um valor próximo de um implica uma concentração muito elevada das exportações e, consequentemente, uma diversificação muito reduzida das exportações. E um valor próximo de zero denota uma diversificação das exportações.

De todas as medidas de concentração das exportações acima apresentadas, utilizaremos no nosso estudo o índice Herfindahl, tal como calculado pela Conferência das Nações Unidas sobre Comércio e Desenvolvimento (CNUCED). A CNUCED calcula este índice desde 1995 e está disponível para países e grupos de países.

2.3 Factores de diversificação

Depois de apresentar os principais indicadores utilizados para medir a diversificação das exportações, vamos agora rever o que a literatura diz sobre os possíveis factores de diversificação, de acordo com vários estudos empíricos realizados sobre este tema.

Agosin, Alvarez e Ortega (2012), no seu documento de trabalho sobre os factores *determinantes da diversificação das exportações em todo o mundo*, concluíram que os seguintes factores são motores da diversificação das exportações:

- **Acumulação de capital humano**: de acordo com a sua regressão, o capital humano, medido pelos anos de escolaridade, contribui positivamente para diversificar as exportações. Esta relação positiva é explicada pelo facto de o aumento do nível de
  A educação tende a aumentar os níveis de empreendedorismo e a produtividade dos trabalhadores, permitindo a um país alterar o seu padrão de produção e, por sua vez, as exportações, "passando das exportações primárias para os produtos manufacturados e

---

[11] Hummels e Klenow (2005), The American Economic Review, página 710, junho de 2005

[12] Cadot et al, inquérito sobre a diversificação, página 6, 2012

os serviços de elevado valor. Nestas duas últimas categorias, as possibilidades de diversificação são provavelmente maiores"[13] .

- **Termos de troca**: quanto a este fator, verificaram que a melhoria dos termos de troca é mais suscetível de concentrar as exportações, mas esta concentração é menor nos países com maior número de anos de escolaridade. Assim, os países com níveis de educação mais elevados podem aproveitar a melhoria dos termos de troca para expandir as linhas de exportação através da produção de novos produtos ou bens e serviços que podem resultar do espírito empreendedor que os níveis de educação geram.

Outra investigação empírica realizada por Parteka e Tamberi (2008) sobre *os determinantes da diversificação das exportações*[14] , utilizando um conjunto de dados de painel (de 1985 a 2004) para 60 países em todo o mundo, apresenta factores adicionais que impulsionam a diversificação das exportações da indústria transformadora, pelo menos nos países incluídos no conjunto de dados; esses factores são

- **Dimensão do país** (medida pelo PIB ou pela população): a sua investigação revelou que, em geral, mantendo os outros factores constantes, "um aumento de 1% na dimensão do país pode estar associado a um aumento de aproximadamente 0,2% no grau de diversificação das exportações". Estes resultados confirmam, de facto, que quanto maior for a população de um país, maior é a probabilidade de produzir bens diferentes devido ao maior mercado interno e à diversidade de gostos da população; o mesmo se aplica ao PIB, uma vez que quanto mais rico for um país, maior é a possibilidade de produzir e exportar bens e serviços diferentes.

- **Fácil acesso aos principais mercados mundiais**: uma economia que pretenda exportar uma diversidade de produtos tem de encontrar *mecanismos* que lhe permitam entrar facilmente nos mercados; tendo em conta que o comércio é feito num mundo cheio de barreiras de diferentes tipos, é crucial explorar mecanismos como o Unilateral, Acordos comerciais preferenciais e regionais, a fim de superar as barreiras comerciais que não permitem um acesso fácil aos mercados. A este respeito, Parteka e Tamberi (2008) descobriram que o aumento da distância aos principais mercados pode diminuir o nível de diversificação das exportações em cerca de 0,2-0,3%, mostrando que a minimização da distância aumenta definitivamente a diversidade das exportações.

Um contributo adicional para a literatura relativa aos factores de diferenciação das exportações é dado pelo documento *Trade Diversification: Drivers and Impact* de Cadot, Carrère e Strauss-Kahn (2011). Utilizando um conjunto de dados em painel de 87 países entre 1990-2004, executam uma regressão que lhes permite ver, entre vários factores, quais os que contribuem para a redução dos níveis de concentração das exportações. Assim, apresentam os seguintes factores:

- **Qualidade das infra-estruturas**: as infra-estruturas, tais como estradas, vias pavimentadas, linhas de telecomunicações, portos e aeroportos e boas redes de transporte, desempenham um papel fundamental na determinação da diversidade dos produtos a exportar; a exportação de vários bens exige boas infra-estruturas que possam facilitar o processo de diferenciação das exportações. No que diz respeito a este fator, as suas estimativas revelam que "um aumento de 10% no índice de infra-estruturas diminui o índice de Theil (medida de concentração das exportações) em cerca de 0,7%"[15] . Isto implica que uma melhor qualidade das infra-estruturas favorece

---

[13] Agosin, Alvarez e Ortega (2012) *determinants of export diversification around the world 1962-2000, página16*

[14] Parteka e Tamberi (2008) sobre *Determinants of Export Diversification: An Empirical Investigation, página20*

[15] Cadot el Al (2011) ,*Trade Diversification: Drivers and Impact*, página 267

efetivamente a diversificação das exportações. O facto de um país dispor de infra-estruturas que permitem aos produtores exportar os seus produtos sem problemas motiva as empresas a produzir e a exportar produtos diferentes.

- **A Qualidade das Instituições**: por si só, um produtor não pode exportar produtos diretamente sem a ajuda de instituições públicas e privadas constituídas para promover e facilitar as exportações, tais como: os ministérios governamentais relacionados com os produtos a exportar, as alfândegas, os despachantes aduaneiros, as câmaras de comércio, os bancos de exportação e importação e assim por diante. Se estas instituições funcionarem de forma eficaz, (reduzindo ao mínimo o nível de burocracia, sendo rápidas na aprovação dos processos, interessadas e empenhadas nas políticas económicas que visam a diversificação das exportações e apoiando a exportação de novos bens ou produtos, quer de produtores existentes, quer de novos produtores), são um bom instrumento para impulsionar a diversidade das exportações. É evidente que a boa qualidade das instituições tem um impacto positivo na diversificação, sendo capaz de reduzir o nível de concentração das exportações.

- **Liberalização unilateral do** comércio: é frequente dizer-se que a liberalização unilateral do comércio pode causar danos à economia, uma vez que aumentará os bens importados na economia, provocando um défice na balança comercial. Notavelmente, o estudo de Cadot et al revelou que a liberalização unilateral do comércio combinada com os anos de escolaridade aumenta a diversificação das exportações. Isto ocorre através do impacto que os bens importados podem ter na produtividade total dos factores ao nível da empresa, uma vez que as empresas com trabalhadores qualificados e instruídos tendem a aprender com os bens importados, compreendendo como estes produtos são feitos e o que pode ser feito de forma diferente. Consequentemente, "a liberalização das importações pode ser considerada como um choque positivo na PTF, o que deveria aumentar o número de indústrias com uma cauda superior de empresas capazes de exportar - e, assim, aumentar a diversificação global das exportações"[16] .

John Page (2008) aponta outro aspeto ou fator importante que desempenha um papel crucial no processo de diversificação das exportações através da expansão da margem extensiva, ou seja, a criação de novas linhas de exportação através da promoção da produção e exportação de novos bens. Ele chama este fator:

- **Um bom clima de investimento**: o empreendedorismo floresce num ambiente empresarial adequado que permite a realização de negócios sem problemas e a criação de novas empresas, sejam elas pequenas, médias ou grandes. Para promover a diversificação das exportações, os governos devem esforçar-se por proporcionar um bom clima de investimento a todos os agentes económicos da economia, reduzindo ao mínimo os riscos e os custos associados à corrupção, à instabilidade política, ao risco soberano, às más políticas económicas e à aplicação legal das leis. Tendo em conta que os investidores internacionais procuram normalmente países e mercados onde exista um excelente clima de investimento e onde não seja demasiado dispendioso abrir e iniciar novas empresas, os governos podem atrair novos investidores para investir na produção de novos bens e incentivá-los a exportar o resto para outros mercados.

---

[16] Cadot el Al (2011),*Trade Diversification: Drivers and Impact*, página 269

Capítulo 3

3. Panorama da economia angolana

Angola é um país situado na região da África Austral que faz fronteira com a República Democrática do Congo a Norte, a Zâmbia a Leste, a Namíbia a Sul e o Oceano Atlântico a Oeste. Tem uma área de 1.246.700 km² com uma linha costeira de 1.650 km de costa com quatro portos principais ao longo da costa, nomeadamente os portos de Cabinda, Luanda, Lobito e Namibe. Para além dos portos, o país tem também três postos fronteiriços principais: o posto fronteiriço de Luvu, na província do Zaire (a norte, na fronteira com o Congo); o posto fronteiriço de Luau, na província do Moxico (a leste, na fronteira com a Zâmbia) e o posto fronteiriço de Santa Clara, na província do Cunene (a sul, na fronteira com a Namíbia).

3.1 Análise macroeconómica (causas e consequências da falta de diversificação)

Depois de se tornar independente de Portugal em 1975, Angola enfrentou uma intensa guerra civil que destruiu a maior parte da infraestrutura económica, o que levou à paralisação da maioria das actividades económicas (agricultura e indústria), exceto a produção de petróleo e diamantes, que foram utilizados principalmente para financiar a guerra. Em 2002, a guerra cessou e o país acabou por alcançar a paz. Com a paz, Angola aumentou a produção de petróleo e diamantes e começou a investir na agricultura e na indústria e noutros sectores da economia, como os serviços, o que levou ao crescimento do PIB, como se pode ver no quadro 1 abaixo.

Tabela 1: Taxas de crescimento económico angolano (após a guerra)										
Crescimento anual do PIB (%)	2003	2004	2005	2006	2007	2008	2009	2010	2011	2012
PIB	3.31	11.18	18.26	18.60	23.19	13.82	2.39	3.39	3.40	7.40
Petróleo PIB	-2.20	13.10	26.00	13.10	20.40	12.30	-5.10	-3.10	-5.50	9.70
PIB não petrolífero	12.80	9.30	13.60	25.90	25.70	15.20	8.30	7.80	8.50	4.30

Fonte: BNA, MINPLAN, FMI e Relatórios Económicos do CEIC/UCAN

Um ano após o fim da guerra, Angola registou uma taxa de crescimento de 5,31%[17] e, a partir daí, a taxa média de crescimento foi de cerca de 17,01% de 2004 a 2008. A paz permitiu que Angola registasse um enorme crescimento, principalmente devido ao aumento da produção de petróleo que foi estimulado pelo aumento da procura e do preço do petróleo no mercado internacional. Este período de elevado crescimento que Angola teve de 2002 a 2008 é considerado a *mini idade de ouro* da economia angolana[18] dado que Angola nunca na sua história teve um crescimento tão notável.

---

[17] De acordo com Alves da Rocha (um dos mais conhecidos economistas angolanos, antigo assessor do Ministério do Planeamento e atual diretor do CEIC/UCAN) esta taxa de crescimento deveu-se à quebra no crescimento da produção petrolífera em 2003 relativamente ao ano anterior, o que levou a uma diminuição da taxa global do PIB, uma vez que a produção petrolífera representava nessa altura 54,9% do PIB. - *Crescimento Económico em Angola até 2017 os principais desafios, Angola Brief dezembro 2012 Volume2 No.4.*

[18] Foi Alves da Rocha quem designou este período como a *mini idade de ouro*

Estas taxas de crescimento revelam a concentração da economia angolana. Como podemos ver na tabela 1, em todos os anos em que o sector petrolífero teve um crescimento negativo (2003, 2009, 2010, 2011) a taxa de crescimento do PIB global é cada vez menor, embora o sector não petrolífero tenha tido uma taxa de crescimento positiva. A crise financeira e económica internacional foi um alerta para as autoridades angolanas, uma vez que as levou a perceber, depois de experimentarem as más consequências de dependerem apenas da produção petrolífera, que é crucial e necessário diversificar a economia, como defendem Jensen e Paulo (2011).

Os vários projectos de reconstrução que foram implementados após a paz foram responsáveis pela maior parte do crescimento do sector não petrolífero durante *o período da idade de ouro*. Os dados do Ministério do Planeamento mostram que, durante este período, o sector da construção (obras públicas e construção civil) teve um crescimento médio de cerca de 30%, enquanto a agricultura foi de cerca de 15% e a indústria transformadora de cerca de 25%. Estas taxas de crescimento mais elevadas do sector não-petrolífero devem ser interpretadas cuidadosamente, tendo em conta que, após o fim da guerra, o sector não-petrolífero começou, por assim dizer, quase do zero, tendo assim uma base muito baixa a partir da qual o crescimento começou a ser contabilizado.

A atual produção interna bruta de Angola é quase 8 vezes superior ao que era após o fim da guerra em 2002. Em 2011, o PIB foi estimado em 104 mil milhões de USD, enquanto em 2003 era de cerca de 12 mil milhões, como mostra a tabela 2.

Quadro 2: População, PIB per capita e taxas de desemprego (após a guerra)

Nome do indicador	2003	2004	2005	2006	2007	2008	2009	2010	2011	2012
PIB (milhões de dólares actuais)	12,463.59	18,954.40	30,619.44	43,784.51	61,796.53	79,620.70	65,161.07	80,856.69	104,331.61	112,700.00
População, total (milhões)	15.42	15.96	16.49	17.01	17.53	18.04	18.56	19.08	19.62	20.61
PIB per capita	808.28	1,187.81	1,856.96	2,573.99	3,526.12	4,414.06	3,511.76	4,237.35	5,318.04	5,468.41
Desemprego Taxa (%)	42.31	40.35	34.54	32.33	25.33	23.90	26.63	24.70	24.81	26.50

Fonte: Taxas de desemprego do Relatório Económico do CEIC/UCAN; População da base de dados do Banco Mundial; PIB da base de dados do Banco Mundial e do Ministério do Planeamento de Angola.

Desde 2003, a população total angolana tem vindo a crescer, em média, a uma taxa de cerca de 3% ao ano, o que é inferior à taxa de crescimento do PIB (uma média de 10,5% de 2003 a 2012). Este facto permitiu um aumento do PIB per capita de $808,28 em 2003 para $5.318,04 em 2011 contribuindo para a melhoria do Índice de Desenvolvimento Humano que passou de 0,375 em 2000 para 0,508 em 2012, correspondendo a um aumento médio anual de 2,6%[19] . Ainda assim, em 2012, Angola estava classificada em 148º lugar entre 187 países, com um baixo índice de desenvolvimento humano. A esperança de vida à nascença aumentou 6,3 anos entre 2000 e 2012, enquanto em 2000 era de 45,2 anos, em 2012 era de 51,5 anos. A média de anos de escolaridade não aumentou tanto, uma vez que em 2000 era de 4,4 e em 2012 continuava a ser de 4,7.

A taxa de desemprego continua a ser muito elevada, de acordo com as estimativas do Centro de Estudos Científicos da Universidade Católica de Angola (CEIC/UCAN), embora tenha vindo a diminuir de 2003 a 2011. Quase 24,81% da população ativa em Angola está desempregada, o que dificulta a vida da maioria dos agregados familiares, uma vez que, sem rendimentos, não podem alimentar as suas famílias, contribuindo para o aumento da taxa de pobreza entre a população.

O elevado desemprego pode ser explicado, por um lado, pelos anos de escolaridade mais baixos da força de trabalho (a maioria das empresas importa muitos trabalhadores do estrangeiro, argumentando que isso se deve à falta de trabalhadores locais qualificados) e, por outro lado, devido à concentração da economia na produção de petróleo, que é altamente intensiva em capital e requer menos trabalhadores em comparação com o sector não petrolífero, como a agricultura, a indústria transformadora e os serviços. Assim, o esforço de diversificação da economia ajudará certamente a aumentar a taxa de emprego e a diminuir o desemprego entre a força de trabalho em Angola e, consequentemente, a diminuir a elevada taxa de pobreza que ainda afecta a população angolana e a melhorar as suas condições de vida. Este pode ser um dos canais mais importantes da diversificação para melhorar o bem-estar.

Com o fim da guerra, o governo angolano conseguiu definir políticas económicas que permitiram ao país alcançar a estabilidade macroeconómica no que diz respeito às principais variáveis macroeconómicas, como a taxa de inflação, a taxa de câmbio e as reservas internacionais líquidas. A estabilização destas variáveis foi fundamental, e ainda hoje o é, para facilitar o clima de negócios e inspirar confiança aos investidores e empresários, fazendo com que se sintam confortáveis para investir na economia.

---

[19] Relatório sobre o Desenvolvimento Humano 2013 - Nota explicativa sobre os índices compostos do RDH 2013 - Angola.

Quadro 3: Outras variáveis macroeconómicas

Outras variáveis macroeconómicas	2003	2004	2005	2006	2007	2008	2009	2010	2011	2012
Taxa de inflação (%) Taxa de câmbio	76.56	31.02	18.53	12.21	11.78	13.17	13.99	15.31	11.38	9.02
(AOA/USD) (média) Reservas Intern. Internas	78.79	85.63	80.78	80.08	74.83	74.85	89.40	92.64	95.28	95.83
(em milhões de dólares)		Na		8,172.00	11,191.00	17,499.00	12,621.48	17,368.70	26,084.20	29,451.02

Fontes: INE, BNA; CEIC/UCAN

Como mostra a tabela 3, a taxa de inflação era muito elevada em 2003, no primeiro ano de paz, era de 76,56% e quatro anos mais tarde, em 2007, a taxa de inflação era de 11,78%. Esta enorme redução deveu-se à boa política monetária e aos instrumentos utilizados pelo Banco Nacional de Angola para reduzir e estabilizar a taxa de inflação, o que foi conseguido. A fim de inspirar confiança aos investidores na economia, devido à elevada inflação, o Banco Central permitiu, nessa altura, a utilização do dólar dos Estados Unidos como moeda, juntamente com a moeda local, o Kwanza (AOA), na economia. Todos podiam usar dólares em quase todas as transacções, mesmo para pagar salários e pedir empréstimos aos bancos comerciais, o que era particularmente conveniente e bom para os importadores e exportadores, uma vez que usavam dólares no seu comércio internacional.

O Banco Central utilizou a taxa de câmbio (kwanza (AOA)/dólar) como âncora para manter a taxa de inflação (medida pelo índice de preços ao consumidor) sob controlo e reduzir desta forma os preços dos bens e serviços na economia[20] . Como podemos ver na tabela 3, a redução da inflação esteve relacionada com a redução da taxa de câmbio de 2003 a 2007. Para ter a taxa de câmbio mais baixa e sob controlo o Banco Central utilizou as reservas internacionais líquidas. Nesse período da era de ouro[21] a exportação de petróleo foi excelente e isso permitiu que o Banco Central tivesse os dólares necessários para estabilizar a taxa de câmbio e controlar dessa forma a taxa de inflação. No entanto, no final de 2008 com o início da crise internacional a exportação de petróleo caiu drasticamente afectando negativamente a entrada das reservas internacionais na economia. Este facto colocou o Banco Central numa situação embaraçosa e difícil, uma vez que já não podia contar com as reservas internacionais para controlar a taxa de câmbio e a taxa de inflação, razão pela qual assistimos a um aumento da taxa de inflação de 2008 a

2010. Mas em 2011 e 2012, com o aumento do preço do petróleo no mercado internacional, as coisas melhoraram ligeiramente, tendo sido possível manter a inflação abaixo dos 10% em 2012, com as reservas internacionais a atingirem o valor de 29 mil milhões de dólares, quase 27% do PIB e representando mais de 7 meses de importações.

Mas o problema da inflação em Angola não é apenas monetário; outros factores também desempenham um papel importante, como a qualidade das infra-estruturas e das instituições (o porto, as alfândegas, os despachantes aduaneiros, o elevado nível de burocracia nestas instituições); a falta de produção nacional da maioria dos bens de consumo, que leva o país a importar mais de 60% deste tipo de bens e a importar desta forma também uma parte da inflação; e a falta de aplicação da lei no que diz respeito às especulações de preços, etc.

No que diz respeito à burocracia nas instituições, a maioria das empresas que respondem ao inquérito trimestral[22] feito pelo CEIC/UCAN para medir o clima de fazer negócios em Luanda queixam-se da eficiência das instruções relacionadas com o comércio internacional e da qualidade das infra-estruturas (tais como eletricidade, água, telecomunicações, estradas e outras instalações), uma vez que estes factores, segundo eles, tornam o custo de fazer negócios demasiado elevado. Este facto não é surpreendente, uma vez que o relatório do Banco Mundial sobre como fazer negócios classifica Angola no grupo de países onde fazer negócios não é fácil e é altamente dispendioso. *O relatório de 2013 classifica Angola na posição 172[23]*

---

[20] O Índice de Preços no Consumidor utilizado para medir a taxa de inflação pelo Instituto Nacional de Estatística (INE) refere-se apenas aos preços da capital do país (Luanda) e não de todo o país (as 18 províncias). De acordo com o INE, isto deve-se à falta de infra-estruturas e de pessoal para cobrir todo o país. Assim, as taxas de inflação apresentadas são apenas de Luanda e é importante salientar que mais de 70% das actividades económicas estão concentradas em Luanda como documentou Aves da Rocha no seu livro sobre desequilíbrios e desigualdades regionais em Angola (2010).

[21] como lhe chama Alves da Rocha

[22] Este inquérito trimestral chama-se "Barómetro de conjuntura económica" e inquiri mais de 150 empresas para saber a sua percepção se o clima de negócios no trimestre anterior lhes foi favorável ou não.

[23] Doing Business Report 2013, páginas 4 e 5, Banco Mundial

entre 185 países do mundo e entre os factores que contribuem para isso estão o tempo necessário para iniciar um negócio, as dificuldades para obter o registo de propriedade, licenças de construção, crédito e empréstimos e as dificuldades para o comércio transfronteiriço. Assim, se Angola quer realmente diversificar a sua economia e, consequentemente, as suas exportações, é imperativo melhorar e facilitar o clima para fazer negócios.

Em resumo, as variáveis macroeconómicas apresentadas na tabela 3 também nos ajudam a ver como é importante e fundamental diversificar as exportações angolanas para alcançar uma estabilidade macroeconómica mais sustentável e facilitar o ambiente para fazer negócios. O país precisa urgentemente de ter outros produtos principais de exportação para além do petróleo, de forma a diversificar a sua fonte de reservas internacionais. As autoridades e os decisores políticos angolanos devem levar a peito o alerta que a crise internacional suscitou e empenhar-se na diversificação da economia e das suas exportações. A desvalorização do Kwanza em relação ao dólar americano teria sido uma óptima oportunidade para exportar mais produtos se Angola exportasse mais outros produtos do que petróleo, tendo em conta que com a desvalorização da moeda local as exportações ficam mais baratas para os compradores internacionais.

3.2 A estrutura da economia

3.2.1 A estrutura do PIB

A Produção Interna Bruta angolana é constituída ou provém de várias actividades económicas, como a agricultura, a pesca, os diamantes e outros minerais, o petróleo, a indústria transformadora, a construção, a energia e a água, os serviços mercantis e outros serviços (banca, seguros, telecomunicações, etc.). Mas, para efeitos de contas e estatísticas nacionais, o PIB é dividido ou agrupado em duas categorias principais de produção: petrolífera e não petrolífera. O PIB petrolífero refere-se a toda a produção relacionada com a extração de petróleo bruto e seus derivados e refinaria, enquanto o PIB não petrolífero é a produção de todos os outros bens e serviços sem incluir o sector petrolífero. O gráfico 1 apresenta a estrutura do PIB angolano de acordo com a classificação acima referida.

Gráfico 1: Estrutura do PIB

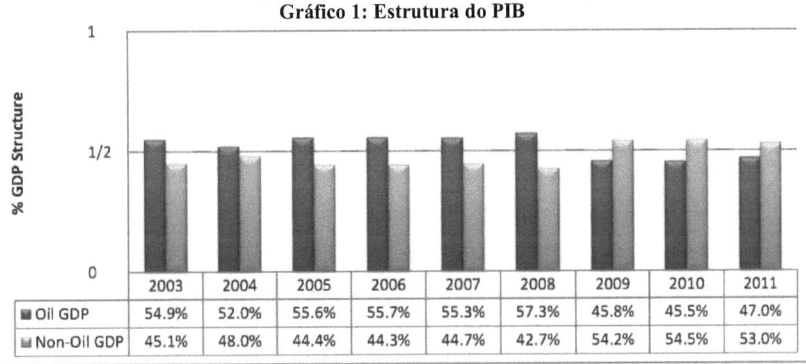

Fonte: Dados do BNA, MINPLAN, CEIC/UCAN e cálculos próprios

Como podemos ver no gráfico 1, de 2003 a 2008, durante a *mini idade de ouro*, mais de metade de toda a Produção Interna Bruta angolana foi produção relacionada com o petróleo, mostrando como o PIB angolano estava concentrado; todo ele dependia apenas de uma mercadoria. A produção de todos os outros sectores combinados (agricultura, pescas, diamantes e outros minerais, petróleo, indústria transformadora, construção, energia e água, serviços comerciais) era, em média, inferior a 45% do PIB.

De 2009 a 2011, anos da crise internacional que afectou profundamente o preço do petróleo, o PIB não-petrolífero conseguiu ultrapassar o peso do sector petrolífero na economia, pesando mais de 53% do PIB total. No nosso entender isto foi possível em grande parte devido a dois factores:

Em primeiro lugar, devido à diminuição acumulada da produção de petróleo neste período de 13,7% (em média -4,57 de diminuição por ano) em comparação com o período de 2004 a 2008, em que tivemos uma taxa de crescimento positiva do sector petrolífero; fazendo um cálculo empírico simples[24] vemos que, durante este período, a diminuição da produção de petróleo levou à diminuição acumulada de

destruição do crescimento do PIB global de cerca de -6,33%, em média cerca de -2,1% ano. Em segundo lugar, devido ao modesto crescimento positivo do sector não petrolífero que, em média, foi de 8,2% ao ano. Se não fosse este crescimento positivo do sector não petrolífero, Angola poderia ter enfrentado uma grande recessão. Durante este período, este sector conseguiu ter uma contribuição acumulada para o crescimento global do PIB de cerca de 13,26%, em média 4,42 por ano.

3.2.2 A estrutura das exportações

Antes de apresentarmos a composição e a estrutura das exportações angolanas, façamos uma breve resenha da sua posição no comércio internacional e no seio das diferentes organizações regionais e internacionais de que faz parte.

Angola é membro da Organização Mundial do Comércio, uma organização mundial *cujo principal objetivo é abrir o comércio em benefício de todos os*[25] envolvidos no comércio internacional. O país aderiu à OMC em 23 de novembro de 1996, onze anos após o estabelecimento[26] desta organização com mais de 150 países membros. Pertencer a esta organização pode, de facto, ser bom e vantajoso para o país, uma vez que, como membro, tem a oportunidade de exportar os seus produtos para todos os outros membros sem grandes obstáculos no que diz respeito a tarifas e direitos de importação que possam impedir o comércio internacional. E como membro do grupo de negociação dos Países Menos Desenvolvidos no âmbito da OMC, Angola, como país pobre, pode obter preferência especial para exportar os seus produtos agrícolas e alguns produtos manufacturados para países desenvolvidos, ao abrigo do Sistema de Preferências Generalizadas, pelo que, ao diversificar as exportações, Angola pode beneficiar e tirar vantagens de ser membro da OMC.

Dados da OMC indicam que, em 2011, a quota de Angola no total das exportações mundiais foi de cerca de 0,37%, enquanto as importações foram de 0,11%.

Quadro 4: Perfil do comércio angolano em 2011

Repartição no total da economia	Exportações	Importações
COMÉRCIO DE MERCADORIAS (milhões de US$)	66.996,00	20.190,00

---

[24] Os cálculos implicam apenas multiplicar o crescimento do sector petrolífero pelo seu respetivo peso no PIB (crescimento do PIB petrolífero * % do sector petrolífero no PIB)

[25] http://www.wto.org/english/thewto_e/whatis_e/wto_dg_stat_e.htm

[26] A OMC foi criada em 1 de janeiro de 1995. Tem a sua sede em Genebra, na Suíça. Em 2 de março de 2013, a OMC tinha 159 países como membros.

Produtos agrícolas	0,0%	23,0%
Combustíveis e produtos mineiros	98,3%	6,3%
Fabrico	1,7%	70,2%
COMÉRCIO DE SERVIÇOS COMERCIAIS (milhões de US$)	732,00	22.415,00
Transporte	3,6%	16,2%
Viagens	88,3%	0,8%
Outros serviços comerciais	8,1%	83,0%

Fonte: Base de dados da OMC

Estes números, por si só, não nos dão muita informação. É importante desagregar esses números para ver mais profundamente e obter informações significativas sobre as exportações angolanas. Como podemos ver na tabela 4, de todas as mercadorias exportadas, 98,3% eram apenas minerais, ou seja, petróleo e diamantes, enquanto as manufacturas eram apenas 1,7% e os produtos agrícolas quase zero, porque são insignificantes. Olhando para as importações, vemos que 23% delas eram produtos agrícolas e 70% manufacturas. Aqui vemos uma grande margem para diversificar as exportações, se Angola investisse na agricultura e nas manufacturas poderia reduzir algumas importações destes bens e até exportar mais, reduzindo desta forma o peso que o petróleo e os diamantes têm.

O quadro 4 também nos dá informações sobre a exportação e a importação de serviços comerciais. 88,3% dos serviços exportados foram viagens, enquanto outros serviços comerciais (como comunicação, construção, seguros, serviços financeiros, informáticos, de informação, outros serviços comerciais, culturais e recreativos e royalties e taxas de licença) foram apenas 8,1%, um valor muito baixo em comparação com as importações desses serviços, que foram 83%

do total de serviços comerciais importados. Estes números dizem-nos que Angola pode também diversificar as suas exportações investindo nos sectores dos serviços comerciais e exportar mais destes serviços do que o que está a ser feito atualmente. Para que esse objetivo seja alcançado é fundamental investir na educação de qualidade da população e sobretudo da geração jovem.

Vamos agora analisar a repartição das exportações angolanas de acordo com os dados dos serviços aduaneiros nacionais de Angola para ver em pormenor os principais produtos exportados pelo país e o seu respetivo peso no total das exportações da nação.

De acordo com a Classificação Normalizada do Comércio Internacional (SITC) revisão 3 a 3 nível da Conferência das Nações Unidas sobre Comércio e Desenvolvimento (UNCTA), as linhas de exportação de Angola são constituídas por muitos produtos, tais como petróleo bruto, diamantes, petróleo refinado, gás natural, café, sisal, peixe e produtos de peixe, madeira, algodão, produtos agrícolas e muitos outros produtos e serviços. De acordo com as Alfândegas Nacionais, a linha de exportação de Angola contém mais de 2 mil produtos; mas o número de produtos mais exportados, com o valor monetário superior a 100.000 USD, é mostrado no gráfico 2.

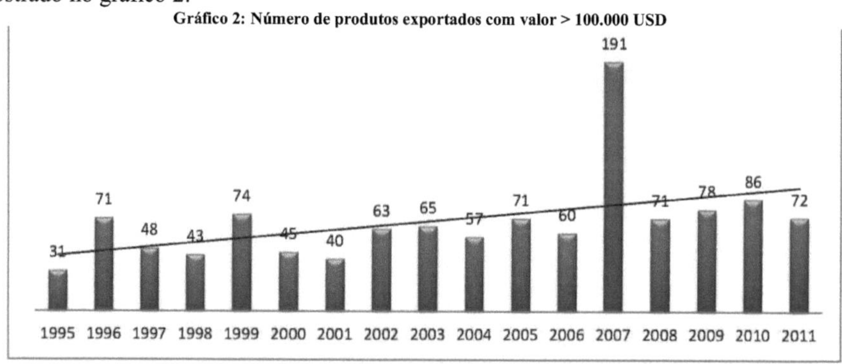

Fonte: Base de dados da UNCTAD

Como se pode ver no gráfico 2, em 1995 Angola exportava 31 produtos diferentes com valor monetário superior a 100.000 USD e considerando o período entre 1995 e 2001, período de guerra, a média nesta altura era de 50 por ano; após o fim da guerra em 2002, o número médio dos produtos mais exportados aumentou. Entre 2002 e 2011, a média foi de 69 sem incluir 2007 e de 81 se se incluir 2007[27] .

Do total de produtos exportados, o petróleo bruto, o petróleo refinado, o gás e os diamantes contam-se entre os principais produtos exportados, sendo o petróleo bruto, obviamente, o produto mais exportado de todos.

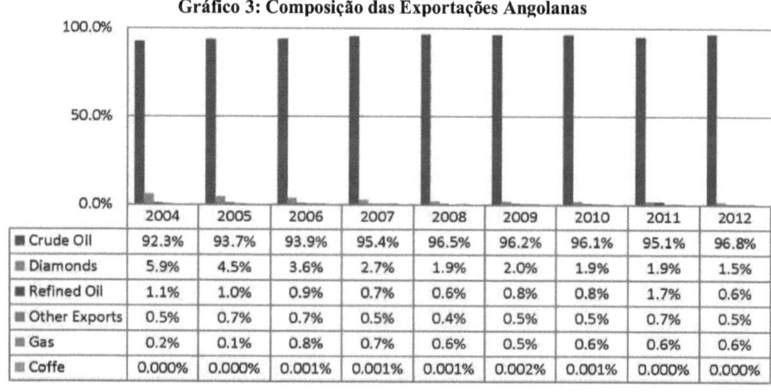

Gráfico 3: Composição das Exportações Angolanas

	2004	2005	2006	2007	2008	2009	2010	2011	2012
Crude Oil	92.3%	93.7%	93.9%	95.4%	96.5%	96.2%	96.1%	95.1%	96.8%
Diamonds	5.9%	4.5%	3.6%	2.7%	1.9%	2.0%	1.9%	1.9%	1.5%
Refined Oil	1.1%	1.0%	0.9%	0.7%	0.6%	0.8%	0.8%	1.7%	0.6%
Other Exports	0.5%	0.7%	0.7%	0.5%	0.4%	0.5%	0.5%	0.7%	0.5%
Gas	0.2%	0.1%	0.8%	0.7%	0.6%	0.5%	0.6%	0.6%	0.6%
Coffe	0.000%	0.000%	0.001%	0.001%	0.001%	0.002%	0.001%	0.000%	0.000%

---

[27] O ano de 2007 foi um marco na história do crescimento económico de Angola, uma vez que neste ano o país registou a maior taxa de crescimento da sua economia e, portanto, o elevado nível do número de produtos exportados cujo valor monetário foi superior a 100.000 USD em 2007 pode ser explicado por este facto. Alguns factos podem explicar este facto: em 2007 Angola aderiu à Organização dos Países Exportadores de Petróleo (OPEP) e também neste mesmo ano Angola obteve uma linha de crédito do Eximbank chinês no valor de 2,5 mil milhões de dólares. (em 2004 e 2005 Angola já tinha recebido até 4 mil milhões de dólares)

O Gráfico 3 mostra claramente como as exportações angolanas se concentram num só produto, que é o petróleo bruto. Em 2004 mais de 92% do total exportado era petróleo bruto e esta percentagem está a aumentar de ano para ano como podemos ver no gráfico 3. De 2004 a 2012 a exportação de petróleo bruto em média foi de 95% das exportações; só em 2012 o peso foi superior a 96%. O peso dos diamantes no valor total das exportações tem vindo a diminuir desde 2004, neste ano mais de 5% do total das exportações foram diamantes enquanto que em 2012 o peso foi inferior a 2%. O peso do petróleo refinado é, em média, de quase 1% das exportações, muito inferior à exportação de petróleo bruto. Isto mostra que quase todo o petróleo bruto que Angola produz não é refinado no país, mas é vendido como tal; mesmo parte do petróleo refinado que é consumido internamente é importado do estrangeiro[28] .

A exportação de gás natural representa, em média, 0,5% do total das exportações; estes valores seriam, na verdade, mais elevados se Angola não queimasse a maior parte do gás natural proveniente do processo de extração do petróleo bruto. Mas com a implementação do Projeto Angola LNG[29] , uma fábrica (indústria) específica destinada a recuperar e tratar o gás natural e depois exportá-lo, o peso do gás natural no total das exportações irá certamente aumentar num futuro próximo.

As outras exportações incluíam, em média, mais de 50 produtos de 57 em 2004 e, noutros anos, mais de 85% do número total de produtos exportados. Mas em termos de peso percentual no valor total das exportações representam menos de 1% do valor total das exportações. Que espaço para diversificar as exportações Angola tem, apenas aumentando a margem intensiva e nem sequer tocando na extensiva! Para aumentar a margem intensiva destas outras exportações, as autoridades devem saber exatamente quem são os que exportam estes produtos, que desafios enfrentam e o que pode ser feito para os ajudar, porque não exportam mais quantidades destes bens e assim por diante. Porque, por si sós, as pequenas empresas exportadoras ou as pequenas empresas que exportam não podem ou não são capazes de exportar mais quantidades sem a ajuda (quer financeira, quer facilitando o processo de obtenção de uma linha de crédito à exportação[30] , quer institucional, facilitando a burocracia das instituições que lidam com as exportações) das autoridades.

No gráfico 3 vemos também que o peso do café no total das exportações é quase nulo ao longo dos anos; este facto entristece muito quem conhece a história das exportações angolanas. A geração jovem não acreditaria que antes da independência de Portugal em 1975, durante mais de 20 anos o café esteve no topo dos principais produtos exportados e no período de 1960 a 1973 Angola foi o 4° maior produtor e exportador de café do mundo! Nessa altura, o café representava em média mais de 30% do total das exportações, sendo o produto mais exportado, seguido dos diamantes, algodão, sisal e produtos agrícolas que representavam em média 9 a 15%[31] .

Angola começou a exportar petróleo em 1959; em 1960 a quota do petróleo era de 0,74% e só em 1973 o crude passou a figurar no topo dos produtos mais exportados[32] , constituindo

---

[28] Segundo o relatório das Alfandegas de Angola de 2012, o petróleo refinado importado é em média superior a 4 por cento.

[29] O Angola LNG é um projeto que está a ser implementado na província do Zaire e foi criado em 2008. De acordo com o website do projeto, o Angola LNG tem potencial para produzir mil milhões de pés cúbicos de gás limpo por dia para os mercados nacional e internacional. A instalação será abastecida pelos mais de 10 triliões de pés cúbicos de reservas de gás que estão disponíveis a partir dos blocos offshore de extração de petróleo bruto 0, 1, 2, 14, 15, 17 e 18. (http://www.angolalng.com/project/aboutLNG.htm)

[30] Muitos países têm Bancos de Exportação e Importação que ajudam as suas empresas a exportar cada vez mais, uma vez que sem dinheiro é muito difícil exportar produtos com sucesso e encontrar novos mercados. A este respeito, temos o EximBank dos EUA, da China e de outros países.

[31] Dilolwa, Carlos Rocha, História Económica de Angola, Editora Nzila 2000, Páginas 120-149

[32] Dilolwa, Carlos Rocha, História Económica de Angola, Editora Nzila 2000, Página 99

30% do total exportado, enquanto o café 26%; a partir daí o café quase desapareceu da balança comercial, deixando o crude e os diamantes dominarem sozinhos[33] .

A guerra civil que ocorreu pouco depois da proclamação da independência afectou dramaticamente a produção agrícola, uma vez que os agricultores foram destruídos e a maior parte das terras aráveis foram minadas com minas terrestres. No entanto, felizmente, a guerra já terminou e a maior parte das minas terrestres estão a ser removidas, pelo que é altura de investir novamente na produção de café e algodão e começar a exportar novamente estes produtos, como acontecia antes da independência. Mais uma vez, os números das exportações de café mostram-nos que é de facto possível diversificar as exportações angolanas, apostando não só na margem extensiva mas sobretudo na margem intensiva, promovendo o aumento da produção e das exportações de café, algodão e outros produtos agrícolas.

Agora, se agregarmos as exportações em apenas duas categorias, como fizemos no PIB, exportações petrolíferas e não petrolíferas, vemos claramente a grande concentração das exportações angolanas.

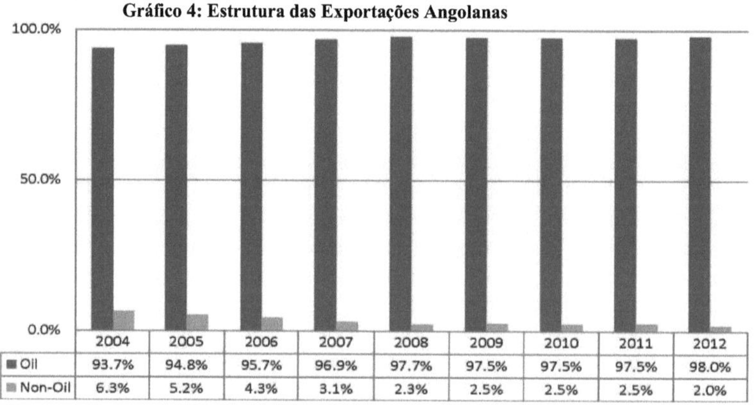

Gráfico 4: Estrutura das Exportações Angolanas

	2004	2005	2006	2007	2008	2009	2010	2011	2012
Oil	93.7%	94.8%	95.7%	96.9%	97.7%	97.5%	97.5%	97.5%	98.0%
Non-Oil	6.3%	5.2%	4.3%	3.1%	2.3%	2.5%	2.5%	2.5%	2.0%

Fonte: BNA e Alfandegas de Angola

Como se pode ver no gráfico 4, apenas em 2004 e 2005 as exportações de petróleo representavam menos de 95% do total das exportações, mas a partir de 2006 o peso foi superior a 96% e em 2012 o peso atingiu 98%! Como é óbvio, o peso das exportações não petrolíferas tem vindo a diminuir desde 2004 e em 2012 era de apenas 2%.

De acordo com os dados que estamos a analisar não há evidência de um processo de diversificação das exportações em Angola dado que as exportações petrolíferas estão a ganhar cada vez mais peso enquanto as não petrolíferas estão a diminuir. Os factos são inequívocos e muito claros de que algo deve ser feito em breve para libertar a economia angolana da total dependência do petróleo bruto, empenhando-se no processo de diversificação das exportações.

3.3 Principais Parceiros Comerciais de Angola nas Exportações

Angola tem relações comerciais com muitos países em todo o mundo, importando[34] a maioria dos bens e serviços desses países e exportando para eles os seus principais produtos de exportação, nomeadamente petróleo bruto e diamantes. Os principais parceiros comerciais para os quais Angola exporta os seus produtos são apresentados no gráfico 4.

---

[33] Infelizmente, de 1975 a 1989, quase não existem registos do comércio ou da exportação de café.

[34] Não apresentamos as importações neste trabalho porque o nosso foco é apenas nas exportações. Mas os dados dos Serviços Nacionais de Alfândega e do Banco Central mostram que os principais parceiros de importação são: Portugal (18%), China (11%), EUA (7,6%) e outros. Ver Apêndice, página 55, quadro 12.

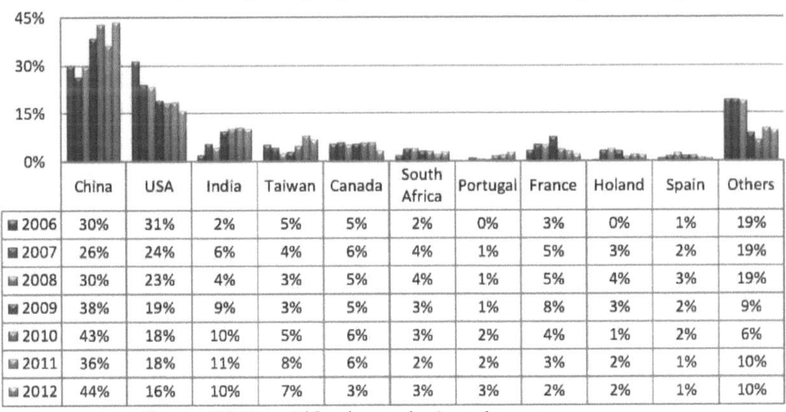

	China	USA	India	Taiwan	Canada	South Africa	Portugal	France	Holand	Spain	Others
2006	30%	31%	2%	5%	5%	2%	0%	3%	0%	1%	19%
2007	26%	24%	6%	4%	6%	4%	1%	5%	3%	2%	19%
2008	30%	23%	4%	3%	5%	4%	1%	5%	4%	3%	19%
2009	38%	19%	9%	3%	5%	3%	1%	8%	3%	2%	9%
2010	43%	18%	10%	5%	6%	3%	2%	4%	1%	2%	6%
2011	36%	18%	11%	8%	6%	2%	2%	3%	2%	1%	10%
2012	44%	16%	10%	7%	3%	3%	3%	2%	2%	1%	10%

Fonte: BNA e Alfandegas de Angola

Como se pode ver no gráfico 5, desde 2007 a China tornou-se o principal parceiro comercial de Angola nas exportações, sendo o país para onde é exportado mais de um terço do petróleo bruto[35] ; os EUA são o segundo maior parceiro comercial[36] , seguidos da Índia, Taiwan, Canadá, África do Sul, Portugal, França, Holanda e Espanha. Os outros países incluem mais de 20 países, como o Reino Unido, a Suécia, a Suíça, o Japão e outros.

As exportações de petróleo têm-se concentrado na China, o que torna o país dependente de um ou poucos importadores, o que pode causar problemas no futuro. Diversificar o destino das exportações também pode ser uma forma de diversificar as próprias exportações, uma vez que, ao fazê-lo, o país está a promover o que produz e a atrair, desta forma, mais compradores. É interessante verificar que entre os dez primeiros se encontra apenas um país africano, a África do Sul. Angola é um Estado membro da Comunidade para o Desenvolvimento da África Austral (SADC), uma comunidade económica regional composta por 15 Estados-Membros, fundada em 1992, que visa, entre outros, promover o crescimento económico sustentável e equitativo e o desenvolvimento socioeconómico através de sistemas eficientes e produtivos, de *uma cooperação e integração mais profundas*[37] , e alcançar a integração económica regional através da promoção de um comércio regional livre. Nesta Comunidade, Angola é a segunda maior economia, a seguir à economia sul-africana, que é a maior economia da região e do continente. O Congo, a Zâmbia e a Namíbia (países que partilham fronteiras com Angola) são também membros desta comunidade[38] e o comércio entre eles é muito baixo, quase nulo. Depois, no processo de diversificação das exportações, Angola tem um mercado regional com mais de 270 milhões de habitantes para onde pode exportar os seus produtos e aumentar a competitividade das suas firmas ou empresas. Com a construção da Refinaria do Lobito provavelmente a exportação de petróleo refinado para os países da região será mais significativa do que se verifica atualmente.

---

[35] Jensen e Paulo (2011) argumentaram que "a China é, de longe, o maior credor de Angola, tendo emprestado mais de 14,5 mil milhões de dólares (milhares de milhões) até 2011" para o processo de reconstrução nacional que tem vindo a ser levado a cabo pelo governo após o fim da guerra. Como parte da garantia da dívida, Angola e China acordaram que a China teria privilégio na exportação do crude. Esta pode ser uma das razões pelas quais a China se tornou o principal parceiro comercial de Angola no que respeita à exportação de petróleo.

[36] Os EUA foram o maior parceiro comercial das exportações (petróleo) de Angola desde a Independência até 2007

[37] Declaração de missão da SADC (http://www.sadc.int/about-sadc/overview/sadc-mission/)

[38] Os outros membros são: Botswana, Lesoto, Madagáscar, Malawi, Maurícias, Moçambique, Seychelles, Suazilândia, Tanzânia e Zimbabué.

3.4 Indicador de concentração das exportações (Índice Herfindahl)

Depois de observar a estrutura das exportações angolanas, não há dúvida de que as suas exportações estão concentradas num único produto que representa mais de 95 por cento do valor total das exportações. Nesta secção vamos agora analisar o indicador de concentração das exportações (Índice de Herfindahl) calculado pela Conferência das Nações Unidas sobre Comércio e Desenvolvimento para todos os países membros desde 1995; é claro que a nossa atenção recai sobre o caso de Angola e alguns países da região da Comunidade para o Desenvolvimento da África Austral apenas para nos ajudar a fazer algumas comparações.

É importante lembrar que o índice Herfindahl é normalizado para variar entre zero e um; um valor próximo de zero implica uma diversificação total das exportações, enquanto valores próximos de um significam uma elevada concentração das exportações.

Gráfico 6: Índice Herfindahl de Angola

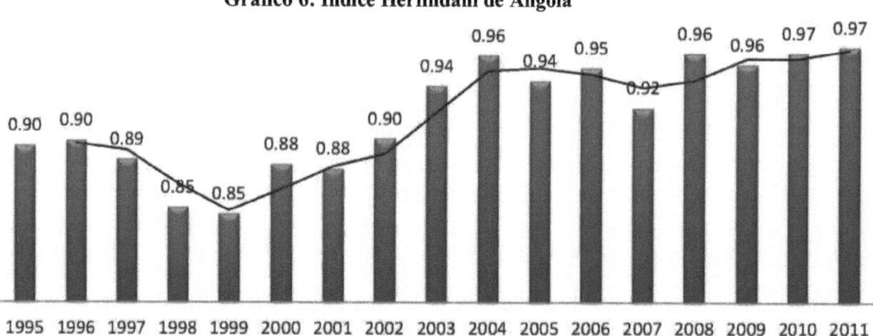

Fonte: Base de dados da UNCTAD

O gráfico 6 é inequívoco quanto ao grau de concentração das exportações angolanas, o índice de Herfindahl é superior a 0,9 muito próximo de 1 o limite superior de concentração. É de salientar que de 1997 a 2001 o índice de concentração é inferior a 0,9 e neste período em 1998 e 1999 foi registado o índice de concentração mais baixo sendo este de 0,85. Uma das razões que poderá explicar este facto é a maior produção e exportação de diamantes que se verificou neste período e a menor produção de petróleo bruto devido à intensidade da guerra nestes anos, que contribuiu para diminuir o índice de concentração das exportações. Com o fim da guerra civil em abril de 2002 o índice de concentração começou a aumentar novamente atingindo o valor de 0,97 em 2011. Durante o período de paz de 2002 a 2011, apenas em 2007 foi registado um índice mais baixo (0,92) ao longo de todo este período. Isto não é surpreendente uma vez que no gráfico 2 vimos que neste ano Angola exportou o maior número de produtos cujos valores monetários foram superiores a 100.000 USD registados na sua história moderna, mais de 190 produtos diferentes e experimentou a maior taxa de crescimento económico; claro que isto explica o índice de concentração mais baixo em 2007. Como é que Angola se compara com os outros países da SADC? O Gráfico 7 ajuda-nos a responder a esta pergunta. A concentração média das exportações da SADC é de cerca de 0,4[39] e selecionámos alguns países para comparar com Angola.

Gráfico 7: Índice Herfindahl de alguns países da SADC

---

[39] Esta é uma média arimética que foi calculada por nós de acordo com os dados da UNCTAD dos 14 países membros da SADC disponíveis; embora existam 15 países, utilizámos apenas 14 porque os dados relativos a Madagáscar não estão disponíveis.

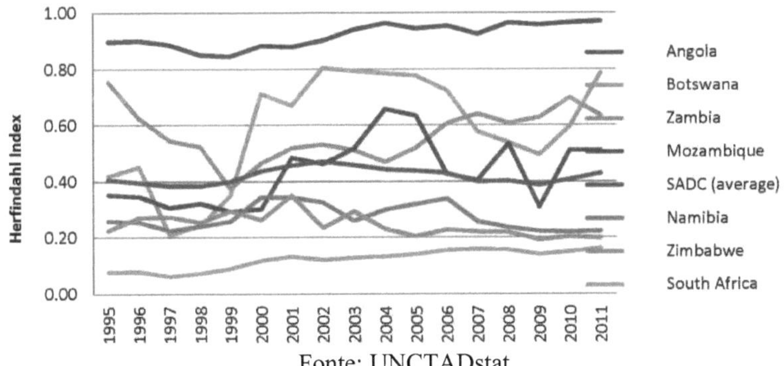

Fonte: UNCTADstat

O Gráfico 7 mostra que Angola é, de longe, o país com o maior índice de concentração das exportações na SADC, sendo o seu índice duas vezes superior à média da região. O Botswana, a Zâmbia e Moçambique também têm um índice de concentração acima da média da SADC, mas muito longe do de Angola. Namíbia, Zimbabué e África do Sul[40] apresentam um índice muito abaixo da média da SADC, o que significa que estes países são os que têm exportações mais diversificadas dentro da região. Claramente, Angola pode aprender com eles a diversificar as exportações, uma vez que esses países conseguiram diferenciar as suas exportações.

A comparação de Angola apenas com os países da SADC pode ser enganadora, uma vez que, entre os países da SADC, Angola é o maior produtor de petróleo bruto. Para evitar aquilo a que algumas pessoas poderiam chamar uma comparação injusta, vamos agora comparar Angola com outros países africanos e não africanos que são os principais produtores de petróleo bruto para ver até que ponto as suas exportações estão concentradas em comparação com Angola.

Gráfico 8: Países Africanos Produtores de Petróleo

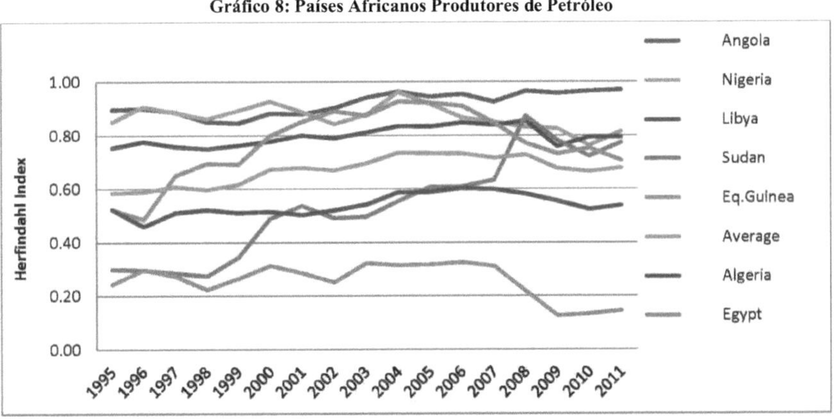

Fonte: UNCTADstat

O gráfico 8 mostra-nos o índice de concentração das exportações dos maiores países africanos

---

[40] A África do Sul é o país com o índice de concentração das exportações mais baixo da região, sendo o seu índice de concentração, em média, de 0,12. Isto significa que a África do Sul é o país que tem exportações mais diversificadas na região, seguida do Zimbabué (0,24) e da Namíbia (0,27).

produtores de petróleo, sendo que Angola é o país com maior concentração das exportações, embora não seja o maior produtor de petróleo bruto do continente[41] . O índice médio de concentração das exportações destes países é de cerca de 0,67 e Angola está muito acima desta média; a Nigéria (o maior produtor de petróleo), a Líbia, o Sudão e a Guiné Equatorial também estão acima da média, mostrando que têm um índice de concentração das exportações elevado, mas inferior ao de Angola. A Argélia e o Egito têm um índice de concentração das exportações abaixo da média; e o Egito, com um índice médio de 0,26, está a conseguir reduzir o seu índice de concentração, especialmente desde 2007, ao passo que noutros países africanos produtores de petróleo o índice está a aumentar. A Argélia é o segundo maior produtor de petróleo em África, produzindo mais petróleo do que Angola; mesmo assim, o seu índice de concentração das exportações é, em média, de 0,54, muito inferior ao de Angola (0,92 em média). O facto de nem todos os países africanos produtores de petróleo terem um índice de concentração das exportações elevado (acima de 0,9) parece indicar que a elevada concentração das exportações não tem a ver com a produção de petróleo em si, mas sim com as políticas económicas internas e a prioridade do governo relativamente aos sectores da economia em que se concentrarão de acordo com os seus objectivos e metas.

Por uma questão de exaustividade, vamos também comparar o índice de concentração das exportações de Angola com o de outros países produtores de petróleo fora do continente africano, para ver se também têm um índice de concentração muito elevado. O gráfico 9 apresenta o índice de concentração das exportações de alguns dos principais países produtores e exportadores de petróleo do mundo[42] juntamente com o de Angola para ver até que ponto as suas exportações estão concentradas em comparação com as de Angola.

Gráfico 9. Alguns países produtores mundiais de petróleo

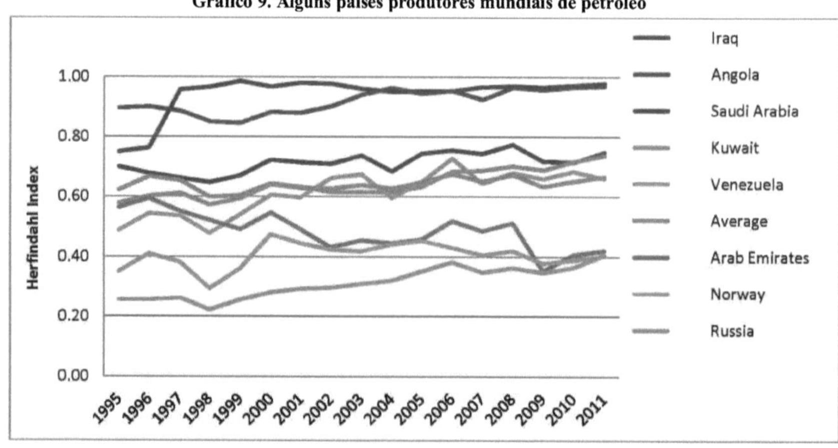

Fonte: UNCTADstat

É interessante verificar que Angola partilha com o Iraque a posição de países exportadores de petróleo com o índice de concentração das exportações mais elevado. Em 1995, 1996 e 2004, Angola registou o índice mais elevado, ao passo que, nos restantes anos, o Iraque ocupa o

---

[41] Em 2011, a Nigéria foi o maior produtor, com 2,4 milhões de barris por dia, seguida da Argélia (2,07 milhões), depois de Angola (1,9 milhões), da Líbia (1,7 milhões), do Egito (662 mil), do Sudão (514 mil) e da Guiné Equatorial (322 mil), segundo o Index mundi (http://www.indexmundi.com/g/r.aspx?v=88)

[42] A Arábia Saudita é o maior exportador de petróleo do mundo (7,6 milhões de barris por dia); a Rússia é o segundo exportador (5,01 milhões de barris por dia); o Irão é o quarto exportador (2,5 milhões de barris por dia); os Emirados Árabes Unidos são o quarto exportador (2,2,3 milhões de barris por dia); a Noruega é o quinto exportador (2,1 milhões); o Iraque é o sexto exportador (2,1 milhões); o Kuwait é o sétimo exportador (2,1 milhões); a Venezuela é o 12º exportador (1,8 milhões). Angola está classificada em 13º lugar (1,8 milhões). (http://www.indexmundi.com/g/r.aspx?v=88)

primeiro lugar. Ao longo de todo este período, o índice médio de Angola é de 0,92 e o do Iraque de 0,94. A Arábia Saudita, a Rússia, os Emirados, a Noruega e o Kuwait, que exportam mais petróleo do que Angola, têm todos um índice de concentração das exportações inferior ao de Angola, o que mostra que, para além do petróleo, exportam outros bens e serviços. A Venezuela exporta quase a mesma quantidade de petróleo que Angola, mas o seu índice de concentração das exportações é muito inferior (0,61 em média). O facto de exportar uma grande quantidade de petróleo bruto não implica necessariamente que um país tenha um índice de concentração das exportações elevado, como é o caso de Angola. Os maiores países exportadores de petróleo do mundo, como mostra o gráfico 9, não têm índices de concentração das exportações tão elevados como Angola.

O ano de 2007 registou uma ligeira diminuição do índice de concentração das exportações de quase todos os países exportadores de petróleo, com exceção do Iraque e do Kuwait. No caso de Angola, a diminuição é realmente notável, uma vez que a sua linha está muito próxima da do Iraque e neste ano há uma diferença notável, maior do que a de 2009, quando todos os países foram severamente afectados pela crise financeira e económica internacional.

Uma vez que vimos a panorâmica da economia angolana com ênfase na estrutura da sua Produção Interna Bruta e particularmente nas suas exportações, vamos fazer algumas regressões que nos ajudarão a ver quais os efeitos que a concentração das exportações angolanas tem tido no crescimento do seu PIB per capita, para medir o que Angola pode ganhar ou está a perder com a diversificação das suas exportações.

Capítulo 4

4. Metodologia e recolha de dados

Para medir o efeito que os níveis de concentração das exportações têm tido no crescimento do PIB per capita angolano, esta dissertação utiliza uma abordagem econométrica baseada no artigo de Hesse (2008) sobre *Diversificação* das Exportações *e Crescimento Económico*[43] utilizando uma análise de regressão de crescimento aumentada. No seu trabalho, Hesse utilizou um conjunto de dados que inclui até 99 países, excluindo os países da Europa de Leste e os países exportadores de petróleo (bem como Angola). O modelo é o seguinte:

$$\Delta \hat{y}_t = \alpha \hat{y}_{t0} + \beta X'_t + \phi F (H_t) + \xi_t$$

Onde:

$\Delta \hat{y}_t$ representa a diferença logarítmica do rendimento per capita no período t, $\hat{Y}_{t0}$ o logaritmo do rendimento inicial,

X'_t - um vetor de potenciais determinantes do crescimento (taxa de poupança, formação bruta de capital, crescimento da população, anos de escolaridade, esperança de vida e índice de preços do petróleo[44]);

$F(H_t)$ é uma função do índice de concentração das exportações de Herfindahl, a principal variável de interesse no modelo, que capta a relação não linear entre a concentração das exportações e o crescimento do PIB per capita. Queremos testar se esta função, no caso de Angola, é uma curva em forma de U, como defende Hesse (2008), ou é uma curva côncava; nesta função está o índice de Herfindahl e o seu quadrado, se o coeficiente do quadrado for negativo a função é côncava, caso contrário é uma curva em forma de U.

ξ_t - a componente de erro residual

O quadro de crescimento de Solow, como refere Hesse (2008), "fornece uma estratégia intuitiva e baseada na teoria para testar a relação entre a diversificação das exportações (concentração) e o crescimento do PIB per capita"[45] . Esta regressão de crescimento baseada no modelo de Solow aumentado utiliza factores ou variáveis que podem afetar o nível de estado estacionário do crescimento do PIB per capita.

Para estimar este modelo de regressão de crescimento aumentado e, assim, investigar a relação entre o PIB per capita angolano e o índice de concentração das exportações e outras variáveis, é utilizado neste trabalho o modelo clássico de regressão linear Ordinary Least Squared.

Embora o OLS seja um dos métodos de regressão econométrica mais simples e básicos, é um método muito útil para investigar a relação entre a variável dependente e os regressores ou variáveis explicativas, especialmente quando todos os seus pressupostos são cumpridos[46] .

Para além do OLS, foram utilizados outros métodos de estimação, como a regressão linear com erros-padrão corrigidos em painel, que é robusta à possibilidade de erros não esféricos,[47]

---

[43] Heiko Hesse é economista na Divisão de Estabilidade Financeira Global, Departamento de Mercados Monetários e de Capitais do Fundo Monetário Internacional (FMI). O presente documento é o documento de trabalho n. 21 que escreveu em nome da Comissão para o Crescimento e o Desenvolvimento do Banco Mundial. A principal variável de interesse utilizada é o índice de concentração das exportações medido pelo índice Herfindahl e confirma a curva em forma de U que Imbs e Wacziarg (2003) encontraram.

[44] Uma vez que Angola é um país exportador de petróleo, o índice do preço do petróleo foi incluído neste modelo para ver até que ponto o preço do petróleo contribuiu para o crescimento do PIB per capita. Tendo em conta que Angola é um país com baixa esperança de vida, é também importante ver o efeito desta variável no crescimento do PIB per capita angolano.

[45] Hesse, H (2008), *Export Diversification and Economic Growth*, Documento de Trabalho n.º 21 do Banco Mundial, página 10.

[46] Ver no Apendex a discussão dos pressupostos

[47] Delia Bailey e Jonathan N. Katz (), Implementing Panel-Corrected Standard Errors in R: The pcse Package.

, apenas para comparar os resultados e verificar se os erros-padrão não são muito diferentes dos do OLS, o que significa que os erros são de facto esféricos. Foi também utilizado o modelo linear LM de efeitos aleatórios, apenas para comparar as estimativas dos coeficientes e verificar se existe um forte contraste entre elas[48] .

Para verificar a robustez e a validade dos resultados obtidos para o caso particular de Angola, e para eliminar o problema associado a uma amostra reduzida, foram efectuadas regressões para outros países a fim de verificar os resultados das estimativas para Angola. Uma vez que Angola é membro da SADC, foram feitas regressões para os 15 países (Angola, Botswana, Congo, Lesoto, Madagáscar, Malawi, Maurícias, Moçambique, Namíbia, Seychelles, África do Sul, Suazilândia, Tanzânia, Zâmbia e Zimbabué) que compõem esta organização regional para ver como os resultados se comparam aos de Angola. (*Resultados na Tabela 10*)

A regressão para os principais países exportadores de petróleo em África e no mundo[49] foi também realizada para verificar os resultados, tendo em conta que Angola é o terceiro exportador de petróleo em África e o sétimo no mundo. A amostra é constituída por 18 países, nomeadamente: Angola, Argélia, Egito, Guiné Equatorial, Irão, Iraque, Kuwait, Líbia, Nigéria, Noruega, Qatar, Rússia, Arábia Saudita, Sudão, Tunísia, Venezuela e Emirados Árabes Unidos. (*Resultados no quadro 9*)

Em seguida, a amostra foi alargada de modo a incluir outros países para além da SADC e dos países exportadores de petróleo. Nesta última regressão, foram regredidos 22 países no total (Angola, Botswana, Brasil, China, Egito, Kuwait, Lesoto, Malawi, Maurícias, Moçambique, Namíbia, Noruega, Rússia, Arábia Saudita, África do Sul, Sudão, Suazilândia, Tanzânia, Tunísia, Estados Unidos da América, Venezuela e Zâmbia). (Resultados no quadro 10). Por conseguinte, foram utilizadas quatro amostras diferentes para investigar a relação entre o crescimento per capita e a diversificação das exportações.

Como foi referido anteriormente, nas contas nacionais angolanas o PIB está desagregado em duas categorias: o PIB petrolífero e o PIB não petrolífero. Nesta dissertação foi também possível fazer regressões para o PIB petrolífero per capita e para o PIB não petrolífero per capita para ver como os índices de concentração das exportações e do preço do petróleo afectam cada categoria. (Resultados na tabela 8)

4.1 Descrição dos dados

O conjunto total de dados inclui até 35 países, obviamente com o foco principal em Angola; e os dados vão de 1995 a 2011, 17 anos no total. Não foi possível alargar os dados para além de 1995 devido ao facto de o índice Herfindahl (índice de concentração ou diversificação das exportações) só estar disponível a partir de 1995 e de esta variável ser a principal variável de interesse nesta tese. A explicação de cada variável é descrita no quadro 6.

Quadro 5: Definições e fontes das variáveis		
Variáveis	**Descrição**	**Fonte**

---

[48] Os resultados destas estimativas alternativas são apresentados no Apêndice

[49] Não esquecer que Hesse (2008) no seu documento de trabalho deixou de fora os países exportadores de petróleo da amostra de países que regrediu, talvez devido aos níveis mais elevados de concentração das exportações que estes países têm em comparação com os outros.

Dlngdppc	Diferença do logaritmo natural do crescimento do PIB per capita	WDI
Ln (PIBpc t0)	Logaritmo natural do crescimento do PIB inicial per capita	WDI
Taxa de poupança	Poupança bruta (% do PIB) como rendimento nacional bruto menos consumo total, mais transferências líquidas	WDI
Formação GrCap	Formação bruta de capital (% do PIB) despesas com acréscimos aos activos fixos da economia	WDI E WMR
PopGrowth Dep	Soma do crescimento da população e 0,05 que representa a depreciação e a taxa de progresso tecnológico	WDI
LNAvLife Exp	Logaritmo natural da esperança média de vida à nascença (anos) dos homens e das mulheres	WDI
Escola LNExY	Logaritmos naturais do número de anos de escolaridade que uma criança[50] em idade de entrada na escola pode esperar receber	PNUD-IHDI
Herfindahl Índice	Índice Herfindahl de Concentração ou diversificação das exportações	UNCTADstat
Herfindahl^A 2	O quadrado do índice de Herfindahl	
LNOilPrice Índice	Logs naturais da média anual do índice de preços do petróleo (petróleo bruto (petróleo), índice de preços - preço mensal)	Index Mundi

5. Análise dos resultados

Os resultados da estimativa do modelo de crescimento de Solow aumentado que investiga a relação entre o crescimento do PIB per capita e outras variáveis, especialmente o índice de

---

[50] No conjunto de dados de Barro e Lee não existem dados para Angola relativos aos anos de escolaridade de um adulto, razão pela qual o número de anos de escolaridade que uma criança em idade de entrada na escola pode esperar receber se os padrões prevalecentes das taxas de escolarização específicas da idade persistirem ao longo da vida da criança foi utilizado como substituto.

concentração das exportações, são apresentados nos quadros 7 a 10, como se segue: Na tabela 7 Angola (17 anos); Na tabela 8 Angola (Petrolífero e Não Petrolífero); Na tabela 9 Países produtores de petróleo (17 anos) e Na tabela 10 SADC e Outros Países (17 anos, conjunto completo de análise na amostra)

5.1 Crescimento do PIB per capita de Angola e concentração das exportações

Analisando os resultados de Angola no quadro 6, é possível verificar que, embora a maioria das variáveis (taxa de poupança, rendimento inicial, crescimento populacional ajustado à depreciação, esperança de vida, índices de herfindahl e índice do preço do petróleo) tenha o sinal e o efeito previstos sobre

Quadro 6: Regressão para o crescimento do PIB per capita de Angola
Métodos de estimação: OLS (Robusto)

Variáveis			Coeficientes		
Ln(PIBpc t0)	-0.409	*-0.396*	-0.412	-0.399	-0.216
Desenvolvimento	*0.145*	*0.101*	*0.131*	*0.090*	*0.051*
Valor de p	*0.022*	*0.003*	*0.012*	*0.001*	*0.001*
Taxa de poupança	0.422	*0.416*	0.424	0.419	0.779
Desenvolvimento	*0.233*	*0.220*	*0.213*	*0.200*	*0.218*
Valor de p	*0.107*	*0.091*	*0.078*	*0.063*	*0.004*
GrCapF ormação	-1.412	*-1.435*	-1.410	-1.435	-3.265
Desenvolvimento	*0.713*	*0.566*	*0.688*	*0.539*	*0.553*
Valor de p	*0.083*	*0.032*	*0.071*	*0.024*	*0.000*
PopGrowthDep	-19.461	*-18.628*	-19.180	-18.131	-37.245
Desenvolvimento	*13.960*	*11.220*	*11.937*	*9.453*	*8.492*
Valor de p	*0.201*	*0.131*	*0.143*	*0.084*	*0.001*
LNAvLifeExp	0.214		0.228		
Desenvolvimento	*1.488*		*1.455*		

Valor de p	*0.889*		*0.879*		
LNExYSchool	-0.009	*-0.014*			
Desenvolvimento	*0.111*	*0.107*			
Valor de p	*0.935*	*0.901*			
Índice de Herfindahl	**2.308**	**3.866**	**2.194**	**3.845**	**6.622**

Desenvolvimento	*10.919*	*1.296*	*10.677*	*1.275*	*1.663*
Valor de p	***0.838***	***0.015***	***0.842***	***0.013***	***0.002***
Herfmdahl*2	**-1.255**	**-2.118**	**-1.192**	**-2.107**	**-3.363**
Desenvolvimento	*6.073*	*1.104*	*5.946*	*1.066*	*1.388*
Valor de p	***0.841***	***0.087***	***0.846***	***0.076***	***0.034***
LNOilPriceIndex	0.454	*0.457*	0.453	0.455	
Desenvolvimento	*0.167*	*0.151*	*0.166*	*0.149*	
Valor de p	*0.026*	*0.014*	*0.023*	*0.012*	
Número de observações	**17**	**17**	**17**	**17**	**17**
F (k, n-k)	77.38	97.53	38.30	47.24	131.85

Prob > F	**0.000**	**0.000**	**0.000**	**0.000**	**0.000**
R-quadrado	**0.961**	**0.961**	**0.961**	**0.961**	**0.920**
Raiz MSE	0.071	0.067	0.067	0.064	0.087
Estrela de Herfindahl	**0.920**	**0.913**	**0.920**	**0.913**	**0.985**

Fonte: Cálculos próprios utilizando STATA

Crescimento do PIB per capita e o teste F mostra que o modelo é globalmente significativo, a maioria dos coeficientes individuais não são estatisticamente significativos mesmo ao nível de 10%, exceto o PIB per capita inicial, a taxa de poupança e o índice do preço do petróleo. Mas retirando a variável esperança de vida da regressão, as coisas melhoram um pouco e agora apenas o crescimento da população e os anos de escolaridade não são estatisticamente significativos ao nível de 10%. Agora, na última coluna, ao deixar tanto a esperança de vida como os anos de escolaridade fora da regressão[51] as restantes variáveis são agora todas estatisticamente significativas e mesmo o poder de explicação do modelo medido pelo R-quadrado, que é de 96%, permanece o mesmo, sugerindo talvez que essas duas variáveis não explicam muito bem o crescimento do PIB per capita em Angola.

Centrando a atenção na última coluna, onde todas as variáveis são estatisticamente significativas ao nível de significância de 10%, verifica-se que, por exemplo, no caso da taxa de poupança, esta tem um efeito positivo sobre o crescimento do PIB per capita em Angola; um aumento de 1%, mantendo as outras variáveis constantes, da taxa de poupança pode resultar num crescimento de 0,2% do PIB per capita. Este facto mostra a importância de incentivar e encorajar a população em geral e os agentes económicos em particular a terem a cultura da poupança, tendo em conta o seu efeito no crescimento económico.

A variável *formação bruta de capital*, ou seja, as despesas em activos fixos da economia, que se esperava que tivesse um efeito positivo no crescimento do PIB per capita, tem na realidade um efeito negativo. Uma das razões que pode explicar este facto é talvez o menor retorno social e económico do investimento em activos fixos que se observa no país devido à má qualidade dos próprios activos.

Por exemplo, em 2002, foi feito um grande investimento no Entreposto Aduaneiro para facilitar a importação e exportação de alguns produtos, mas atualmente esta instalação não funciona como previsto. Há também muitos casos de estradas, hospitais e escolas que foram construídos e que, em menos de dois anos, estavam novamente a ser reconstruídos. Este facto poderá talvez explicar o efeito negativo desta variável no crescimento do PIB per capita; porque uma coisa é investir e outra é tirar proveito disso.

O crescimento da população, embora tenha o sinal correto e seja estatisticamente significativo, o seu coeficiente é demasiado elevado para aceitar este resultado. O que importa

---

[51] Note-se que o mesmo foi feito com o termo constante da regressão; como este era muito elevado (cerca de 90), foi necessário suprimi-lo para que a outra variável se tornasse estatisticamente significativa, como se pode ver no quadro 6.2 em anexo. O R-quadrado com o termo constante foi de cerca de 91%. Mas noutras regressões para a SADC, os países exportadores de petróleo e os outros 22 países não foi necessário suprimir o termo constante, uma vez que este era normal.

neste caso é o seu sinal correto e o seu significado económico, mostrando que, mantendo as outras variáveis constantes, um aumento da população leva à diminuição do PIB per capita. A população angolana é de cerca de 19 milhões e a taxa de crescimento é, em média, de 3% ao ano e a taxa de crescimento do PIB real per capita (em média 6% desde 1995) é superior ao crescimento da população, o que é bom.

No que diz respeito ao *índice do preço do petróleo*, esta variável é significativa ao nível de 1% de significância e tem um efeito positivo no PIB per capita em Angola, o que não é surpreendente uma vez que o país é um produtor de petróleo e quase 50% de toda a sua produção é de petróleo bruto e seus derivados e em termos de exportações totais a quota deste sector é de quase 95% como foi mostrado na terceira parte desta dissertação.

O coeficiente da variável índice do preço do petróleo na regressão é de 0,455 e se for visto como elasticidade, pode dizer-se que a elasticidade do índice do preço do petróleo sobre o PIB per capita em Angola é de 0,455, o que significa que um aumento de 1% no índice do preço do petróleo no mercado internacional, mantendo as outras variáveis constantes, pode resultar num aumento de 0,455 no crescimento do rendimento per capita em Angola.

4.1.1 O efeito do índice de concentração das exportações de Herfindahl no PIB per capita angolano

Centrando agora a atenção na principal variável de interesse do modelo, ou seja, o índice de Herfindahl que mede o índice de concentração (diversificação) das exportações, verifica-se que o índice de Herfindahl tem um coeficiente de 3,85 e é estatisticamente significativo a um nível de significância de quase 1%, enquanto o quadrado desta variável tem um coeficiente negativo de -2,12 e é significativo a um nível de 10%.

A literatura sobre diversificação das exportações diz que a relação entre o nível de concentração das exportações e o rendimento per capita não é linear, por isso, para além do índice de Herfindahl, o quadrado desta variável também foi utilizado como regressor no modelo. Como podemos ver, a relação não linear foi confirmada pela regressão e isto significa que, inicialmente, um aumento do nível de concentração das exportações tem um efeito positivo no crescimento do PIB per capita em Angola até um certo ponto em que este aumento começa a diminuir o PIB per capita em vez de o aumentar. De facto, trata-se de uma função côncava em que existe um ponto máximo a partir do qual a variável dependente começa a diminuir.

Para ilustrar, suponhamos que *o crescimento do PIB per* capita = 6,977 + 3,845H - 2,118 H^2 é a função que explica o crescimento do rendimento per capita em Angola, mantendo as outras variáveis constantes. Tomando a primeira derivada desta função e igualando-a a zero, obtém-se o ponto de inflexão e o ponto máximo e a segunda derivada, se negativa, mostra que a curva é côncava. A partir desta função, podemos ver que a segunda derivada é negativa (-4,236), provando que se trata de uma função côncava.

Tomando a primeira derivada e igualando-a a zero, o ponto máximo e crítico a partir do qual a função começa a diminuir:

$$3.845 - 2 * 2.108H = 0 \quad >> H^{***} = \frac{3.845}{4.214} \quad >> \quad H^{***} = 0.913$$

este é o valor de índice de concentração das exportações que, de acordo com os resultados da regressão, talvez tenha produzido o maior aumento no crescimento do PIB per capita em Angola. Um índice de concentração das exportações superior a este valor crítico é prejudicial para o crescimento económico per capita.

A utilização de um gráfico ajuda a ilustrar este ponto que temos:

Gráfico 10: Variação do crescimento do PIB angolano em percentagem do PIB (estimativa)

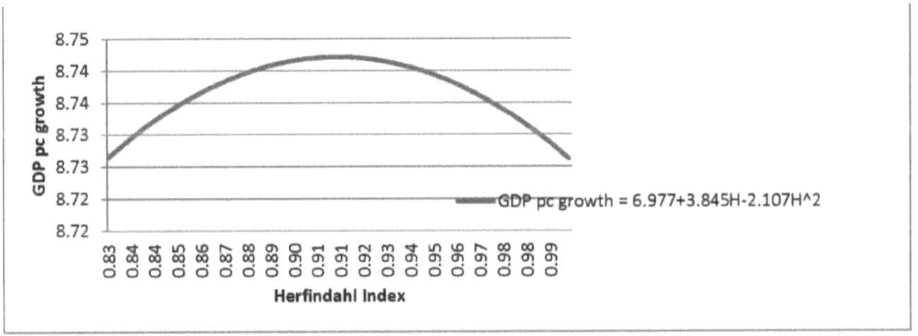

Como mostra o gráfico 10, o ponto máximo de concentração das exportações é .913 e a contribuição correspondente para a variação do crescimento do PIB per capita é de 1,76%. Este resultado contrasta fortemente com o que Hesse (2008) encontrou, uma curva em forma de U. Mas para o caso particular de Angola é uma curva de forma côncava. Para ver isto, vamos repetir o gráfico 6 que mostra o índice Herfindahl para Angola.

Gráfico 6: Índice Herfindahl de Angola

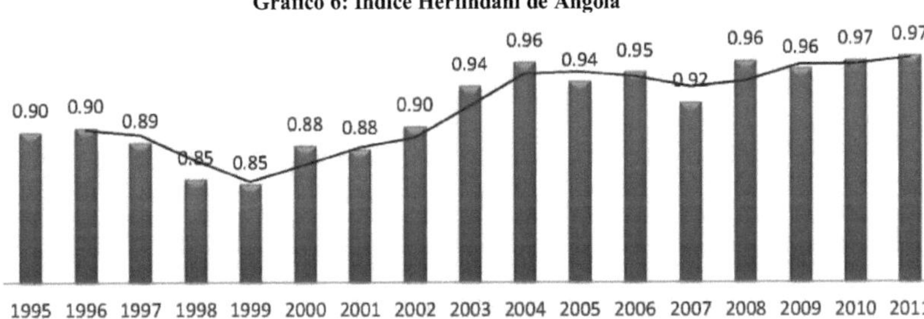

Fonte: UNCTAD

Supondo que estas estimativas são verdadeiras, então dizemos que desde 2003 (ano em que a concentração foi de .941 como mostra o gráfico 5) o nível de concentração das exportações em Angola tem sido prejudicial ao crescimento do PIB per capita. A diversificação das exportações irá impulsionar o crescimento do PIB per capita e é urgente fazê-lo.

5.1.1 Regressões do crescimento do PIB per capita petrolífero e não petrolífero

Olhando agora para as regressões desagregadas para o PIB per capita petrolífero e não petrolífero para o caso de Angola, o quadro 7 mostra os resultados obtidos. Mas neste quadro, a atenção centrar-se-á apenas em duas variáveis principais, a formação bruta de capital e o índice do preço do petróleo.

Tabela 7: Regressões para o PIB per capita petrolífero e não petrolífero de Angola

Métodos de estimação: OLS (Robusto)

Variáveis/ Coeficientes	Petróleo PIB per capita		PIB não petrolífero per capita	
Ln(PIBpc t0)	-0.713	-0.703	-0.289	-0.286

Desenvolvimento	*0.063*	*0.067*	*0.248*	*0.212*
Valor de p	*0.000*	*0.000*	*0.273*	*0.207*
Taxa de poupança	0.202	0.187	0.436	0.433
Desenvolvimento	*0.161*	*0.151*	*0.709*	*0.572*
Valor de p	*0.242*	*0.246*	*0.554*	*0.467*
GrCapFormação	0.353	0.377	-2.960	-2.959
Desenvolvimento	*0.709*	*0.698*	*2.004*	*1.848*
Valor de p	*0.630*	*0.601*	*0.174*	*0.140*
PopGrowthDep	17.108	14.821	-58.420	-58.994
Desenvolvimento	*15.678*	*13.727*	*37.465*	*32.971*
Valor de p	*0.304*	*0.306*	*0.153*	*0.104*
LNExYSchool	0.061		0.015	
Desenvolvimento	*0.081*		*0.479*	

Valor de p	*0.467*		*0.975*	
Índice de Herfindahl	**1.198**	**1.286**	**5.173**	**5.206**
Desenvolvimento	*1.715*	*1.634*	*3.456*	*3.411*
Valor de p	***0.502***	***0.450***	***0.169***	***0.158***
Herfindahl^	**-2.163**	**-2.203**	**-0.479**	**-0.494**
Desenvolvimento	*1.139*	*1.132*	*3.140*	*2.783*
Valor de p	***0.090***	***0.080***	***0.882***	***0.863***
LNOilPriceIndex	**1.114**	**1.127**	**-0.047**	**-0.044**
Desenvolvimento	*0.130*	*0.124*	*0.446*	*0.414*
Valor de p	***0.000***	***0.000***	***0.919***	***0.917***
Número de observações	**17**	**17**	**17**	**17**
F (k, n-k); Wald chi2(k)	150.140	151.640	13.00	17.460
Prob > F; chi2	0.000	0.000	0.000	0.000

R-quadrado	0.972	0.972	0.816	0.816
Raiz MSE	0.066	0.064	0.166	0.158

Fonte: Cálculos próprios utilizando o STATA

É interessante notar que a formação bruta de capital, embora não seja estatisticamente significativa, tem um efeito positivo sobre o PIB petrolífero per capita, ao passo que o PIB não petrolífero tem um efeito negativo e é estatisticamente significativo ao nível de 1% de significância no erro-padrão heteroskedástico corrigido por painel da regressão linear. Isto pode significar que os investimentos no sector petrolífero são mais rentáveis e de melhor qualidade do que os investimentos efectuados no sector não petrolífero.

É também interessante ver o efeito que o índice do preço do petróleo tem tanto no PIB petrolífero como no PIB não petrolífero per capita. Para o caso do PIB petrolífero, o índice do preço do petróleo tem um efeito positivo e é estatisticamente significativo, sendo a elasticidade de pelo menos 1,114, o que significa que um aumento de 1% no índice do preço do petróleo poderá resultar no aumento do PIB per capita em 1,12%, mantendo as outras variáveis constantes. Já no caso do PIB per capita não petrolífero, embora não seja estatisticamente significativo, o índice de preços do petróleo tem um efeito negativo.

4.2 Incluindo os principais países exportadores de petróleo na amostra

Para verificar a robustez dos resultados obtidos com a regressão de Angola e verificar se se trata de um padrão isolado de curva côncava na relação entre a concentração das exportações e o PIB per capita, foi necessário efetuar uma regressão apenas para os países exportadores de petróleo para ver se o padrão se confirma; o quadro 8 apresenta os resultados da regressão. Embora os coeficientes do índice de Herfindahl destas regressões não sejam estatisticamente significativos como no caso de Angola, os coeficientes têm o mesmo sinal que o positivo para o índice de Herfindahl e negativo para o seu quadrado, mostrando as caraterísticas de uma função côncava em que o declive da variável do segundo grau é negativo.

Isto significa que, para os países exportadores de petróleo, a concentração das exportações aumenta o PIB per capita até um certo ponto e, a partir daí, começa a diminuir o crescimento do PIB per capita e a diversificação das exportações é benéfica para manter o crescimento do PIB per capita. A partir destes resultados, é agora possível compreender por que razão Hesse (2008) excluiu os países exportadores de petróleo da sua amostra, porque esses países seguem um padrão diferente, ou seja, uma curva côncava e não em forma de U.

Quadro 8: Regressões para o PIB per capita dos 17 países produtores de petróleo
Métodos de estimação: OLS (Robusto)

Variáveis	Coeficientes			
Ln(PIBpc t0)	-0.023	-0.025	-0.023	-0.008
Desenvolvimento	*0.014*	*0.013*	*0.008*	*0.014*

Valor de p	*0.091*	*0.057*	*0.004*	*0.585*
GrCapFormação	0.230	0.249	0.246	0.247
Desenvolvimento	*0.120*	*0.120*	*0.119*	*0.122*
Valor de p	*0.056*	*0.039*	*0.040*	*0.043*
PopGrowthDep	0.408	0.363	0.308	0.498
Desenvolvimento	*0.413*	*0.417*	*0.338*	*0.418*
Valor de p	*0.324*	*0.384*	*0.363*	*0.235*
LNAvLifeExp	-0.150			-0.144
Desenvolvimento	*0.133*			*0.138*
Valor de p	*0.264*			*0.298*
LNExYSchool	0.052	0.011		0.046
Desenvolvimento	*0.057*	*0.053*		*0.060*
Valor de p	*0.362*	*0.838*		*0.443*
Índice de Herfindahl	**0.200**	**0.140**	**0.125**	**-0.072**
Desenvolvimento	*0.288*	*0.271*	*0.250*	*0.282*

Valor de p	*0.487*	*0.606*	*0.617*	*0.800*
Herfindahl^	**-0.093**	**-0.021**	**-0.013**	**0.175**
Desenvolvimento	*0.270*	*0.246*	*0.235*	*0.262*
Valor de p	*0.730*	*0.931*	*0.956*	*0.504*
LNOilPriceIndex	**0.073**	**0.073**	**0.073**	
Desenvolvimento	*0.015*	*0.015*	*0.015*	
Valor de p	*0.000*	*0.000*	*0.000*	
Constante	0.322	-0.184	-0.166	0.535
St Dev	*0.472*	*0.124*	*0.089*	*0.490*
Valor de p	*0.495*	*0.139*	*0.063*	*0.276*
Número de observações	**286**	**286**	**286**	**286**
F (k, n-k); wald chi2(k)	7.21	8.07	7.61	2.63
Prob > F; chi2	**0.000**	**0.000**	**0.000**	**0.012**
R-quadrado	**0.149**	**0.143**	**0.146**	**0.089**
Raiz MSE	0.162	0.162	0.162	0.167

Fonte: Cálculos próprios utilizando STATA

4.3 Toda a amostra (Regressão para a SADC e outros 22 países)

Depois de vermos a relação côncava não linear entre o índice de concentração das exportações e o PIB per capita nos países produtores de petróleo, vejamos agora qual o padrão que a maioria dos países não produtores de petróleo segue em geral. O quadro 9 apresenta os resultados da regressão.

Quadro 9: Regressões para a SADC e outros 22 países PIB per capita Métodos de estimação: OLS (Robusto)

Variáveis/Coeficientes	SADC			22 países		
Ln(PIBpc t0)	-0.006	-0.002	-0.003	-0.030	-0.022	-0.014
Desenvolvimento	*0.013*	*0.012*	*0.012*	*0.010*	*0.009*	*0.010*
Valor de p	*0.667*	*0.885*	*0.798*	*0.003*	*0.016*	*0.175*
Taxa de poupança	nota disponível para todos			0.332	0.352	
Desenvolvimento		países		*0.063*	*0.061*	
Valor de p				*0.000*	*0.000*	
GrCapFormação	-0.005	0.018	0.007	-0.273	-0.256	0.013
St Dev	*0.088*	*0.081*	*0.086*	*0.104*	*0.102*	*0.098*
Valor de p	*0.958*	*0.823*	*0.938*	*0.009*	*0.012*	*0.898*
PopGrowthDep	0.558	0.478	0.441	-2.660	-2.547	-2.735
Desenvolvimento	*0.345*	*0.331*	*0.330*	*0.970*	*0.968*	*1.005*
Valor de p	*0.107*	*0.150*	*0.182*	*0.006*	*0.009*	*0.007*
LNAvLifeExp	0.058		0.021	0.086		0.100
Desenvolvimento	*0.070*		*0.021*	*0.056*		*0.034*
Valor de p	*0.405*		*0.322*	*0.125*		*0.004*
LNExYSchool	-0.033	-0.033	-0.003	-0.045	-0.042	-0.025
Desenvolvimento	*0.055*	*0.054*	*0.053*	*0.039*	*0.039*	*0.042*

Valor de p	*0.552*	*0.541*	*0.954*	*0.257*	*0.287*	*0.547*
Índice de Herfindahl	**-0.163**	**-0.157**	**-0.206**	**-0.193**	**-0.203**	**-0.129**
Desenvolvimento	0.187	0.186	0.198	0.108	0.108	0.121
Valor de p	*0.383*	*0.399*	*0.299*	*0.074*	*0.060*	*0.286*
Herfmdahl*2	**0.253**	**0.238**	**0.303**	**0.290**	**0.281**	**0.306**
Desenvolvimento	*0.199*	*0.197*	*0.209*	*0.126*	*0.126*	*0.143*
Valor de p	*0.207*	*0.227*	*0.147*	*0.022*	*0.027*	*0.033*
LNOilPriceIndex	0.061	0.060		0.064	0.061	
Desenvolvimento	0.012	0.012		0.010	0.010	
Valor de p	0.000	0.000		0.000	0.000	
Constante	-0.333	-0.125		-0.032	0.259	
Desenvolvimento	*0.260*	*0.077*		*0.223*	*0.129*	
Valor de p	*0.202*	*0.105*		*0.887*	*0.046*	
Número de observações	**255**	**255**	**255**	**374**	**374**	**374**
F (k, n-k); Wald chi2(k)	5.330	6.030	8.820	14.610	14.950	20.070
Prob > F; chi2	**0.000**	**0.000**	**0.000**	**0.000**	**0.000**	**0.000**
R-quadrado	**0.132**	**0.129**	0.213	**0.197**	**0.192**	**0.271**
Raiz MSE	0.128	0.128	0.133	0.128	0.128	0.138

Fonte: Cálculos próprios utilizando STATA

Centrando a análise apenas no índice de concentração das exportações de Herfindahl, verifica-se que o sinal do coeficiente desta variável é exatamente o oposto dos resultados obtidos para os países produtores de petróleo; os sinais são exatamente iguais aos dos outros 22 países.

Mantendo outras variáveis constantes e traçando a equação que relaciona o crescimento do PIB per capita e a concentração das exportações para o caso da SADC e dos 22 países, tal como foi feito para Angola, os resultados podem ser vistos nos gráficos 10 e 11 que a curva é em forma de U e não côncava.

Gráfico 12: Variação do crescimento do PIB em percentagem do PIB dos 22 países (estimativa)

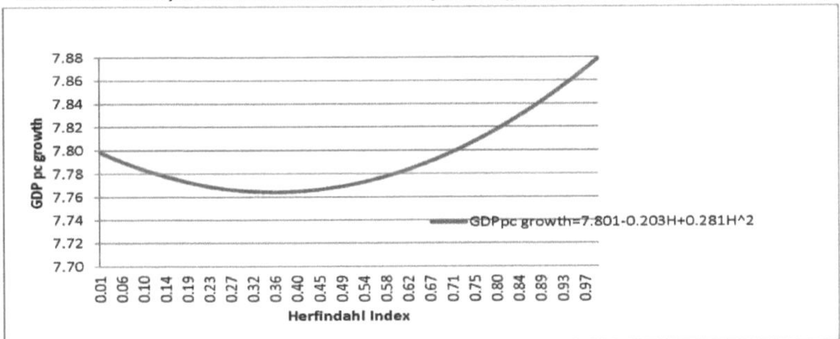

Fonte: Estimativas próprias

Gráfico 11: Variação do crescimento do PIB pc da SADC (estimativa)

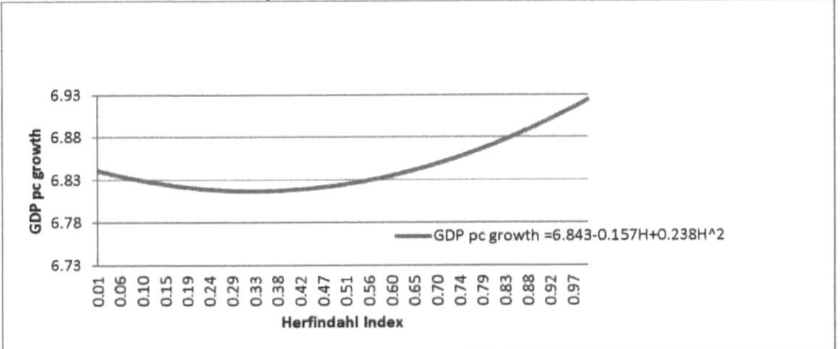

Os valores dos coeficientes do índice de Herfindahl e do quadrado, tanto para a SADC como para os outros 22 países, confirmam a curva em U encontrada por Hesse (2008) e Imbs e Wacziarg (2003), mostrando que, para a maioria dos países não produtores de petróleo em todo o mundo, podem inicialmente aumentar o crescimento do PIB per capita diminuindo a concentração das exportações (diversificando as exportações) até um certo ponto ou nível e, em seguida, podem voltar a aumentar o PIB per capita especializando-se (aumentando a concentração das exportações), como acontece em alguns países desenvolvidos.

Também se pode dizer que a concentração das exportações tem sido prejudicial para o desempenho do crescimento económico dos países da SADC e que estes podem beneficiar da diversificação das suas exportações; enquanto que a maioria dos países desenvolvidos tem um melhor desempenho com a concentração ou especialização das exportações[52] .

Em resumo, quando se consideram apenas os países não exportadores de petróleo, verifica-se uma curva em forma de U, como no caso de Hesse (2008); mas se a amostra incluir apenas os países exportadores de petróleo (que, na maioria dos casos, têm um índice de concentração das exportações mais elevado), verifica-se uma curva côncava.

---

[52] Hesse (2008), Export Diversification and Economic Growth, Documento de Trabalho n.º 21, páginas 12 e 13

Conclusão, limitações e investigação futura

Esta investigação mostrou que Angola é um dos países com maior concentração de exportações do mundo, com um índice de 0,97, o que é efetivamente confirmado pela estrutura das suas exportações, em que o petróleo tem um peso superior a 95%. Por conseguinte, é imperativo diversificar as exportações para proteger o país contra a volatilidade do crescimento económico devido às mudanças nos mercados internacionais, o que pode favorecer taxas de crescimento sustentáveis que podem conduzir a um desenvolvimento económico se o rendimento for distribuído de forma justa.

A análise neste documento mostrou que, para Angola, a relação entre a concentração das exportações e o crescimento do PIB per capita é uma curva côncava não linear, um padrão que é comum aos países exportadores de petróleo; o que é diferente da maioria dos países não produtores de petróleo que seguem um padrão de uma curva em forma de U, como Hesse (2008) salientou no seu documento de trabalho.

Apesar de ser um processo difícil, Angola pode efetivamente diversificar as suas exportações e beneficiar deste processo. Investindo seriamente na acumulação de capital humano, na qualidade e seriedade das instituições públicas e privadas, na qualidade das infra-estruturas (como portos, aeroportos, vias rodoviárias e ferroviárias, telecomunicações e boas redes de transporte), num bom clima de investimento (reduzindo a burocracia, aumentando a aplicação da lei), e em boas políticas económicas com empenho, Angola conseguirá certamente diversificar as suas exportações.

De acordo com os resultados das estimativas para Angola, 0,913 pode ser o índice crítico de concentração das exportações que pode ter produzido o maior crescimento do PIB per capita entre 2002 e 2003 (a concentração das exportações para além deste valor é desvantajosa para o crescimento). De 2003 até agora, a concentração das exportações foi efetivamente prejudicial ao crescimento, uma vez que este crescimento poderia ter sido mais elevado se o nível de concentração das exportações fosse mais baixo (maior diversificação).

É certo que, diversificando as suas exportações, Angola pode alcançar um PIB per capita mais elevado para os seus cidadãos, pelo que é importante envidar todos os esforços possíveis para diversificar a estrutura das exportações do país.

É claro que o facto de se utilizarem apenas dados de 1995 a 2011 (apenas 17 anos) pode ser uma limitação que pode, de alguma forma, impedir a aceitação dos resultados desta investigação, no entanto, abre-se uma janela para investigações futuras que tentem alargar o tempo da amostra, considerando talvez 30 anos em vez de apenas 17, para ver se os resultados se mantêm. Aqui só foram analisadas as exportações, e as importações? Poderão estas contribuir para a diversificação das exportações? A investigação futura poderá responder a estas questões.

Bibliografia

Acecmoglu, D., 2008b. Oligarchic versus Democratic Societies, Journal of the European Economic Association 6(1), 1-44

Agosin, M.R., Alvarez, R., Ortega, C.B., 2012. *Determinants of Export Diversification* Around the World 1962-2000.

Bailey, D., Katz, J.N., 2011. Implementação de erros padrão corrigidos por painel em R: The PCSE Package. Jornal of Statistical Software, 42(1), 1-11

Cadot, O., Carrere, C., Kahn, V.S., 2011. Trade Diversification: Drivers and Impacts. Revista de Economia e Estatística 93 (2), 590-605

Carrere, C., Kahn, V.S., Cadot, O., 2009. Trade Diversification, Income, and Growth: What do we Know? CERDI, Etudes et Documents, E 2009.31.

CEIC/UCAN, Relatórios Económicos de Angola 2008-2011

CEIC/UCAN, Barómetros de Conjuntura 2008 e 2009

Dilolwa, C.R., 2000. História Económica de Angola, Editora Nzila

Frankel, J.A., 2010. The Natural Resource Curse: A Survey. Documento de Trabalho 15836, National Bureau of Economic Research

Hayashi, F. 2000. Econometrics, Princeton University Press.

Hesse, H., 2008. Export Diversification and Economic Growth (Diversificação das exportações e crescimento económico): Comissão de Crescimento e Desenvolvimento, Documento de Trabalho n.º 21

Hummels, D., Klenow, P.J., 2005. The Variety and Quality of a Nation's Exports, The American Economic Review 95 (3), 704-723

Imbs, J., Wackziarg, R., 2003. Stages of Diversification. The American Economic Review 93(1), 63-8

Jensen, S.K., Paulo, F.M., 2011. Reformas do Processo Orçamental e da Gestão das Finanças Públicas em Angola: A crise foi uma chamada de atenção? Relatório do CMI.

Koren, M., Tenreyro, S. 2007. Volatility and Development. Quarterly Journal of Economics pp. 243-287, fevereiro

Matsuyama, K., 1992. Agricultural Productivity, Comparative Advantage and Economic Growth (Produtividade Agrícola, Vantagem Comparativa e Crescimento Económico). Documento de trabalho n.º E-92-3, Hoover Institution, Universidade de Stanford

Mehlum, H., Moene, K., Torvik, R., 2006. Institutions and the resource curse (Instituições e a maldição dos recursos). Jornal Económico, 116 (508) 1-20.

Misztal, P., 2011. Export Diversification and Economic Growth in European Union Member States (Diversificação das exportações e crescimento económico nos Estados-Membros da União Europeia). Oeconomia 10 (2) 2011, pp 55-64.

Parteka, A., Tamberi, M., 2008. Determinants of Export Diversification: An Empirical Investigation, Working Paper No. 327 (Universita Politecnica delle Marchel).

Page, J., 2008. Rowing Against The Current: The Diversification Challenge in Africa's Resource-Rich Economies. Documento de Trabalho 29, Brookings Global Economy and Development

Rocha, A., 2012. Crescimento económico em Angola até 2017: Os principais desafios. Angola Brief dezembro 2012 Volume2 No.4.

Rocha, A., 2010. Desigualdades e Assimetriais Regionais em Angola.

Universidade Catolica de Angola, Centro de Estudos e Investigacao Cientifica.
Sachs, J.D., Warner, A.M., 1995. Natural Resources and Economic Growth.
Universidade de Harvard
PNUD, Relatório sobre o Desenvolvimento Humano 2013 - Nota explicativa sobre os índices compostos do RDH 2013 - Angola.
Wiig, A., Kolstad, I., If Diversification is good, why don't countries diversify more? A economia política da diversificação em países ricos em recursos. Política Energética 40 (2012) 196-203.
Banco Mundial, Doing Business Report 201: Nota explicativa sobre os índices compostos HDR de 2013 - Angola.
Sítios Web
http://www.wto.org/english/thewto e/whatis e/wto dg stat e.htmhttp://www.angolalng.com/project/aboutLNG.htm
http://www.sadc.int/about-sadc/overview/sadc-mission/http://www.indexmundi.com/g/r.aspx?v=88
http://www.china-briefing.com/news/2011/05/25/the-china-angola-partnership-a-case-study-of-chinas-oil-relationships-with-african-nations.html
http://kushnirs.org/
http://unctadstat.unctad.org/TableViewer/tableView.aspx?ReportId=120
http://data.worldbank.org/indicator
http://www.ceic-ucan.org/
http://www.cmi.no/publications/search/?q=&pubtype=journal-articles&year=
http://hdr.undp.org/en/statistics/
http://www.alfandegas.gv.ao/publicacoes4.aspx
http://www.minfin.gv.ao/
http://www.bna.ao/Conteudos/Temas/lista temas.aspx?idc=135&idsc=144&idl=1http://www.ine-ao.com/

Apêndice

Acrónimos

BNA - Banco Nacional de Angola (Banco Central de Angola)

CEIC/UCAN - Centro de Estudos e Investigação Cientifica da Universidade Catolica de Angola (Centro de Investigação da Universidade Católica de Angola)

CMI - Instituto Christian Michelsen da Noruega (um instituto de investigação norueguês)

PIB pc - Produção Interna Bruta per capita

IHDI - Indicadores Internacionais de Desenvolvimento Humano

OLS - Quadrados Mínimos Ordinários

SADC - Comunidade de Desenvolvimento da África Austral

SNA - Serviço Nacional de Alfandegas (Serviço Nacional de Alfandegas de Angola)

PCSE - Erros padrão corrigidos pelo painel

UNCTAD - Conferência das Nações Unidas sobre Comércio e Desenvolvimento

PNUD - Programa das Nações Unidas para o Desenvolvimento

USD - Dólar dos Estados Unidos

WDI - Indicadores de Desenvolvimento Mundial

WMR - Pesquisa Macroeconómica Mundial

OMC - Organização Mundial do Comércio

Pressupostos OLS

A literatura econométrica apresenta quatro pressupostos principais[53] que, quando satisfeitos, tornam os estimadores OLS não só eficientes mas também consistentes. Os pressupostos são os seguintes:

Linearidade

Este pressuposto implica que a relação entre o regressando e os regressores é linear; e, a partir do modelo que está a ser utilizado, é fácil ver que a relação é linear, uma vez que os coeficientes são todos lineares.

Exogeneidade

O pressuposto da exogeneidade exige que os regressores sejam ortogonais ao termo de erro de todas as observações. É sabido que, para a maioria dos dados de séries temporais, este pressuposto não é frequentemente satisfeito porque alguns modelos incluem variáveis desfasadas, como no caso do modelo que está a ser utilizado, que inclui o logaritmo do rendimento inicial.

No entanto, no caso de dados de séries temporais, a exogeneidade implica que os regressores são ortogonais ao termo de erro contemporâneo e não necessariamente aos passados. Tendo em conta que todos os regressores que estão a ser utilizados foram retirados de organizações internacionais bem conhecidas, é razoável assumir que são independentes ou ortogonais aos erros actuais.

Multicolinearidade

Este pressuposto exige a ausência de níveis muito elevados de correlação entre dois ou mais regressores entre as variáveis independentes. No caso dos regressores do modelo que está a ser utilizado, não há razão para suspeitar da presença de multicolinearidade.

---

[53] Estes pressupostos, em particular, foram retirados de Fumio Hayashi Econometrics pages 4-12, Princeton University Press, 2000.

Quadro 13

Correlações	dlngdppc	Ln(PIBpc tO)	Taxa de poupança	Formação GrCap	Crescimento Pop	LNAvLife Exp	Escola LNExY	Herfindahl	Herfindahl 2^A	LNOil Preço
dlngdppc	1									
Ln(PIBpc tO)	-0.034	1								
Taxa de poupança	0.208	0.427	1							
GrCapFormação	0.034	-0.152	0.37	1						
PopGrowthDep	-0.037	-0.291	-0.099	-0.183	1					
LNAvLifeExp	-0.015	0.739	0.434	0.06	-0.31	1				

LNExYSchool	-0.083	0.744	0.327	-0.053	-0.452	0.643	1		
Índice de Herfindahl	0.138	-0.05	0.154	-0.148	0.507	-0.267	-0.308	1	
Herfmdahl 2^A	0.16	-0.011	0.15	-0.156	0.504	-0.242	-0.312	0.967	1
LN OilPriceIndex	0.288	0.226	0.154	0.013	-0.065	0.069	0.151	0.094	0.11	1

Fonte: Cálculos próprios utilizando o STATA

Como se pode ver no quadro 13, as correlações entre os regressores não são tão elevadas que se possa suspeitar da inexistência de multicolinearidade no modelo; por conseguinte, esta hipótese é satisfeita tendo em conta as correlações apresentadas no quadro 13.

Variância dos erros esféricos

Este pressuposto é geralmente dividido em duas partes: homocedasticidade, o que significa que o termo de erro tem a mesma variância em cada observação; e ausência de autocorrelação, o que implica que os erros estão correlacionados entre as observações.

Relativamente ao pressuposto da homocedasticidade, foi efectuado um teste de heterocedasticidade no STATA para verificar se os erros são ou não homocedásticos:

estat hettest

Teste Breusch-Pagan / Cook-Weisberg para heteroscedasticidade

Ho: Variância constante

Variáveis: valores ajustados de dlngdppc

chi2(1)   =0 ,85

Prob > chi2 = 0,3579

De acordo com o teste[54] , sendo o valor de p superior ao nível de significância (5%), não se rejeita a hipótese nula de que os erros são homoscedásticos.

Consequentemente, o pressuposto da variância esférica do erro também é satisfeito neste modelo.

É verdade que, mesmo quando se verifica que o erro é heteroscedástico (condicional), o estimador OLS continua a ser consistente e pode ser efectuada uma inferência estatística válida com os erros-padrão robustos[55] . Com isto em mente, foi utilizado um erro-padrão robusto para garantir que a eficiência da inferência estatística é salvaguardada.

Além do OLS, foi utilizada a regressão linear com erros-padrão corrigidos por painel, que é robusta à possibilidade de erros não esféricos[56] e, se os erros-padrão não forem muito diferentes dos do OLS, isso significa que os erros são, de facto, esféricos. Foi também utilizado o modelo linear LM de efeitos aleatórios, apenas para comparar as estimativas dos coeficientes e verificar se existe um forte contraste entre elas.

Regressões Dados relacionados (Angola)

Tabela 6.1: Resumo estatístico de Angola

Variável	Obs	Média	Desv. Dev.	Mínimo	Máximo
dlngdppc	17	0.161	0.191	-0.229	0.447
lngdppct0	17	6.977	0.899	5.846	8.393
salvar	17	0.183	0.213	-0.186	0.773
grcapformação	17	0.182	0.090	0.088	0.357
popgrowthdep	17	0.030	0.003	0.027	0.035
lnavlifeexp	17	3.848	0.064	3.740	3.934

---

[54] Para todas as regressões, só quando se regrediu o PIB não petrolífero per capita é que o teste de heteroscedasticidade foi positivo (Ho:Variância constante Variáveis: valores ajustados de dlngdpnopc chi2(1)   = 14,74 Prob > chi2 = 0,0001)

[55] Fumio Hayashi Econometrics pages 133, Princeton University Press, 2000.

[56] Delia Bailey e Jonathan N. Katz (), Implementing Panel-Corrected Standard Errors in R: The pcse Package.

Inexyschool	17	1.722	0.331	1.470	2.322
herfindahindex	17	0.919	0.042	0.846	0.971
herfindahl2	17	0.846	0.076	0.715	0.942
Índice de preços do petróleo	17	4.225	0.669	3.198	5.278
ano	17	2003	5.050	1995	2011

Quadro 6.2: Regressão para o PIB per capita de Angola

Angola	**Métodos de estimativa**					
Variáveis	**OLS Robusto**					
Ln(PIBpc t0)	0.082	-0.409	*-0.396*	-0.412	-0.399	-0.216
Desenvolvimento	*0.223*	*0.145*	*0.101*	*0.131*	*0.090*	*0.051*
Valor de p	*0.726*	*0.022*	*0.003*	*0.012*	*0.001*	*0.001*
Taxa de poupança	0.923	0.422	*0.416*	0.424	0.419	0.779
Desenvolvimento	*0.283*	*0.233*	*0.220*	*0.213*	*0.200*	*0.218*
Valor de p	*0.014*	*0.107*	*0.091*	*0.078*	*0.063*	*0.004*
GrCapF ormação	-4.545	-1.412	*-1.435*	-1.410	-1.435	-3.265
Desenvolvimento	*1.311*	*0.713*	*0.566*	*0.688*	*0.539*	*0.553*
Valor de p	*0.010*	*0.083*	*0.032*	*0.071*	*0.024*	*0.000*

PopGrowthDep	17.118	-19.461	*-18.628*	-19.180 -	18.131	-37.245
Desenvolvimento	*21.721*	*13.960*	*11.220*	*11.937*	*9.453*	*8.492*
Valor de p	*0.456*	*0.201*	*0.131*	*0.143*	*0.084*	*0.001*
LNAvLifeExp	-7.432	0.214		0.228		
Desenvolvimento	*3.238*	*1.488*		*1.455*		
Valor de p	*0.055*	*0.889*		*0.879*		
LNExYSchool	0.066	-0.009	-0.014			
Desenvolvimento	*0.129*	*0.111*	*0.107*			
Valor de p	*0.627*	*0.935*	*0.901*			
Índice de Herfindahl	**-138.694**	**2.308**	*3.866*	**2.194**	**3.845**	**6.622**
Desenvolvimento	*59.699*	*10.919*	*1.296*	*10.677*	*1.275*	*1.663*
Valor de p	*0.053*	*0.838*	*0.015*	*0.842*	*0.013*	*0.002*
*Herfindahl^*	**75.027**	**-1.255**	*-2.118*	**-1.192**	**-2.107**	**-3.363**
Desenvolvimento	*32.237*	*6.073*	*1.104*	*5.946*	*1.066*	*1.388*
Valor de p	*0.053*	*0.841*	*0.087*	*0.846*	*0.076*	*0.034*

LNOilPriceIndex	0.258	0.454	*0.457*	0.453	0.455	
St Dev	*0.159*	*0.167*	*0.151*	*0.166*	*0.149*	
Valor de p	*0.150*	*0.026*	*0.014*	*0.023*	*0.012*	
Constante	91.097					
Desenvolvimento	*37.341*					
Valor de p	*0.045*					
Número de observações	**17**	**17**	**17**	**17**	**17**	**17**
F (k, n-k)	21.88	77.38	97.53	38.30	47.24	131.85
Prob > F	**0.000**	**0.000**	**0.000**	**0.000**	**0.000**	**0.000**
R-quadrado	**0.950**	**0.961**	**0.961**	**0.961**	**0.961**	**0.920**
Raiz MSE	0.0646	0.071	0.067	0.067	0.064	0.087
Estrela de Herfindahl	**0.924**	**0.920**	**0.913**	**0.920**	**0.913**	**0.985**

Quadro 6.3: Regressão para o PIB per capita de Angola

Angola	**Métodos de estimativa**					
Variáveis	Linear com erros padrão corrigidos pelo painel					
Ln(PIBpc t0)	0.082	-0.409	-0.396	-0.412	-0.399	-0.216
Desenvolvimento	*0.206*	*0.082*	*0.060*	*0.076*	*0.056*	*0.049*
Valor de p	*0.692*	*0.000*	*0.000*	*0.000*	*0.000*	*0.000*
Taxa de poupança	0.923	0.422	0.416	0.424	0.419	0.779
Desenvolvimento	*0.224*	*0.123*	*0.121*	*0.122*	*0.120*	*0.121*

Valor de p	*-4.545*	*0.001*	*0.001*	*0.001*	*0.001*	*0.000*
GrCapFormação	-4.545	-1.412	-1.435	-1.410	-1.435	-3.265
Desenvolvimento	*1.324*	*0.555*	*0.548*	*0.555*	*0.548*	*0.476*
Valor de p	*0.001*	*0.011*	*0.009*	*0.011*	*0.009*	*0.000*
PopGrowthDep	17.118	-19.461	-18.628	-19.180	-18.131	-37.245
Desenvolvimento	*17.342*	*11.275*	*10.758*	*10.858*	*10.111*	*12.906*
Valor de p	*0.324*	*0.084*	*0.083*	*0.077*	*0.073*	*0.004*
LNAvLifeExp	-7.432	0.214		0.228		
Desenvolvimento	*3.110*	*0.883*		*0.870*		
Valor de p	*0.017*	*0.808*		*0.794*		
LNExYSchool	0.066	-0.009	-0.014			
Desenvolvimento	*0.092*	*0.102*	*0.101*			
Valor de p	*0.476*	*0.927*	*0.893*			
Índice de Herfindahl	**-138.694**	**2.308**	**3.866**	**2.194**	**3.845**	**6.622**
Desenvolvimento	*55.933*	*6.545*	*1.230*	*6.427*	*1.220*	*1.466*
Valor de p	***0.013***	***0.724***	***0.002***	***0.733***	***0.002***	***0.000***
Herfindahl 2[A]	**75.027**	**-1.255**	**-2.118**	**-1.192**	**-2.107**	**-3.363**
Desenvolvimento	*30.269*	*3.653*	*0.820*	*3.589*	*0.817*	*1.086*
Valor de p	***0.013***	***0.731***	***0.010***	***0.740***	***0.010***	***0.002***

LN OilPriceIndex	0.258	0.454	0.457	0.453	0.455	
Desenvolvimento	*0.121*	*0.109*	*0.109*	*0.109*	*0.108*	
Valor de p	*0.033*	*0.000*	*0.000*	*0.000*	*0.000*	

Constante	91.097 *35.956* *0.011*					
Número de obs	17	17	17	17	17	17
Wald chi2(k)	323.70	415.95	414.46	415.74	414.00	194.12
Prob > chi2	**0.000**	**0.000**	**0.000**	**0.000**	**0.000**	**0.000**
R ao quadrado	**0.950**	**0.961**	**0.961**	**0.961**	**0.961**	**0.920**
Estrela de Herfindahl	**0.924**	**0.920**	**0.913**	**0.920**	**0.913**	**0.985**

Tabela 6.4: Regressão para o PIB per capita de Angola

Angola	Métodos de estimativa					
variáveis	Regressão ML de efeitos aleatórios					
Ln(PIBpc t0)	0.082	-0.409	-0.396	-0.412	-0.399	-0.216
Desenvolvime nto	*0.206*	*0.082*	*0.060*	*0.076*	*0.056*	*0.049*
Valor de p	*0.692*	*0.000*	*0.000*	*0.000*	*0.000*	*0.000*
Taxa de poupança	0.923	0.422	0.416	0.424	0.419	0.779

Desenvolvimento	*0.224*	*0.123*	*0.121*	*0.122*	*0.120*	*0.121*
Valor de p	*0.000*	*0.001*	*0.001*	*0.001*	*0.001*	*0.000*
GrCapFormação	-4.545	-1.412	-1.435	-1.410	-1.435	-3.265
Desenvolvimento	*1.324*	*0.555*	*0.548*	*0.555*	*0.548*	*0.476*
Valor de p	*0.001*	*0.011*	*0.009*	*0.011*	*0.009*	*0.000*
PopGrowthDep	17.118	-19.461	-18.628	-19.180	-18.131	-37.245
Desenvolvimento	*17.342*	*11.275*	*10.758*	*10.858*	*10.110*	*12.906*
Valor de p	*0.324*	*0.084*	*0.083*	*0.077*	*0.073*	*0.004*
LNAvLifeExp	-7.432	0.214		0.228		
Desenvolvimento	*3.110*	*0.883*		*0.870*		
Valor de p	*0.017*	*0.808*		*0.794*		
LNExYSchool	0.066	-0.009	-0.014			
St Dev	*0.092*	*0.102*	*0.101*			

Valor de p	*0.476*	*0.927*	*0.893*			
Índice de Herfindahl	**-138.694**	**2.308**	**3.866**	**2.194**	**3.845**	**6.622**
Desenvolvimento	*55.933*	*6.545*	*1.230*	*6.427*	*1.220*	*1.466*
Valor de p	***0.013***	***0.724***	***0.002***	***0.733***	***0.002***	***0.000***
Herfindahl 2[A]	**75.027**	**-1.255**	**-2.118**	**-1.192**	**-2.107**	**-3.363**
Desenvolvimento	*30.269*	*3.653*	*0.820*	*3.589*	*0.817*	*1.086*
Valor de p	***0.013***	***0.731***	***0.010***	***0.740***	***0.010***	***0.002***
LN OilPriceIndex	0.258	0.454	0.457	0.453	0.455	
Desenvolvimento	*0.121*	*0.109*	*0.109*	*0.109*	*0.108*	
Valor de p	*0.033*	*0.000*	*0.000*	*0.000*	*0.000*	
Constante	91.097					
Desenvolvimento	*35.956*					
Valor de p	*0.011*					

Probabilidade logarítmica	29.992	27.269	27.240	27.265	27.231	21.164
Wald chi2(k)	50.960	415.950	414.460	415.740	414.060	194.120
Prob > chi2	0.000	0.000	0.000	0.000	0.000	0.000
/sigma_u	0 (omitido)					
/sigma_e	0.041	0.049	0.049	0.049	0.049	0.070
Estrela de Herfindahl	**0.924**	**0.920**	**0.913**	**0.920**	**0.913**	**0.985**

Angola (petróleo e não-petróleo)

Tabela 7.1: Estatísticas resumidas de Angola (petróleo)

Variável	Obs	Média	Desv. Dev.	Mínimo	Máximo
dlngdpopc	17	0.147	0.258	-0.453	0.515
lngdpopct0	17	6.381	0.859	5.328	7.835
poupar	17	0.183	0.213	-0.186	0.773
grcapformação	17	0.182	0.090	0.088	0.357
popgrowthdep	17	0.030	0.003	0.027	0.035

lnavlifeexp	17	3.848	0.064	3.740	3.934
anexo da escola	17	1.722	0.331	1.470	2.322
seufindahindex	17	0.919	0.042	0.846	0.971
herfindahl2	17	0.846	0.076	0.715	0.942
índice de preços do petróleo	17	4.225	0.669	3.198	5.278
ano	17	2003	5.050	1995	2011

Quadro 7.2: Estatísticas resumidas de Angola (não-petrolífero)

Variável	Obs	Média	Desv. Dev.	Mínimo	Máximo
dlngdpnopc	17	0.177	0.226	-0.530	0.447
lngdpnopct0	17	6.161	0.965	4.939	7.745
salvar	17	0.183	0.213	-0.186	0.773
grcapformação	17	0.182	0.090	0.088	0.357
popgrowthdep	17	0.030	0.003	0.027	0.035
lnavlifeexp	17	3.848	0.064	3.740	3.934
anexo da escola	17	1.722	0.331	1.470	2.322

seufindahindex	17	0.919	0.042	0.846	0.971
herfindahl2	17	0.846	0.076	0.715	0.942
índice de preços do petróleo	17	4.225	0.669	3.198	5.278
ano	17	2003	5.050	1995	2011

Tabela 7.3: Regressões para o PIB petrolífero e não petrolífero de Angola

Angola	Petróleo PIB per capita		PIB não petrolífero per capita		
Variáveis	Linear com erro padrão corrigido pelo painel		Reg linear heteroskedastic panels corrected standard errors		
Ln(PIBpc t0)	-0.713	-0.703	-0.289	-0.286	-0.301
Desenvolvimento	*0.054*	*0.052*	*0.120*	*0.109*	*0.086*
Valor de p	*0.000*	*0.000*	*0.016*	*0.009*	*0.000*
Taxa de poupança	0.202	0.187	0.436	0.433	0.398
Desenvolvimento	*0.115*	*0.114*	*0.299*	*0.274*	*0.208*
Valor de p	*0.079*	*0.101*	*0.146*	*0.114*	*0.056*
GrCapF ormação	0.353	0.377	-2.960	-2.959	-2.771

Desenvolvimento	*0.519*	*0.524*	*1.074*	*1.077*	*0.755*
Valor de p	*0.496*	*0.471*	*0.006*	*0.006*	*0.000*
PopGrowthDep	17.108	14.821	-58.420	-58.994	-56.948
Desenvolvimento	*10.660*	*10.132*	*19.257*	*19.244*	*15.912*
Valor de p	*0.109*	*0.144*	*0.002*	*0.002*	*0.000*
LNExYSchool	0.061		0.015		
Desenvolvimento	*0.098*		*0.216*		
Valor de p	*0.531*		*0.943*		
Índice de Herfindahl	**1.198**	**1.286**	**5.173**	**5.206**	4.873
Desenvolvimento	*1.216*	*1.221*	*1.672*	*1.798*	*1.293*
Valor de p	***0.324***	***0.292***	***0.002***	***0.004***	*0.000*
Herfindahl 2[A]	**-2.163**	**-2.203**	**-0.479**	**-0.494**	-0.349
Desenvolvimento	*0.810*	*0.817*	*1.454*	*1.507*	*1.530*
Valor de p	***0.008***	***0.007***	***0.742***	***0.743***	*0.820*

LNOilPriceIndex	**1.114**	**1.127**	**-0.047**	**-0.044**	
Desenvolvimento	*0.099*	*0.098*	*0.226*	*0.221*	
Valor de p	***0.000***	***0.000***	***0.836***	***0.841***	
Número de observações	17	17	17	17	17
F (k, n-k); Wald chi2(k)	595.10	581.27	408.95	330.89	354.39
Prob > F; chi2	**0.000**	**0.000**	**0.000**	**0.000**	**0.000**
R-quadrado	**0.972**	**0.972**	**0.816**	**0.816**	**0.816**

Países produtores de petróleo

Tabela 8.1: Estatísticas resumidas de 17 países produtores de petróleo

Variável	Obs	Média	Std. Dev.	Mínimo	Máximo
dlngdppc	286	0.094	0.173	-0.453	0.620
lngdppctO	286	8.364	1.512	5.395	11.464
grcapformação	286	0.244	0.131	0.007	1.136
popgrowthdep	286	0.053	0.030	0.011	0.186
lnavlifeexp	286	4.199	0.168	3.740	4.399
lnexyschool	286	2.384	0.357	1.435	2.868

herfindahlindex	286	0.608	0.232	0.125	0.986
herfindahl2	286	0.424	0.274	0.016	0.971
índice de preços do petróleo	286	4.233	0.650	3.198	5.278
ano	286	2003	4.869	1995	2011

Países produtores de petróleo
Tabela 9.1: Linear com PCSE

Variáveis	Linear com SE corrigido pelo painel			
Ln(PIBpc t0)	-0.023	-0.025	-0.023	-0.008
Desenvolvimento	*0.013*	*0.013*	*0.008*	*0.013*
Valor de p	*0.073*	*0.045*	*0.003*	*0.563*
GrCapFormação	0.230	0.249	0.246	0.247
Desenvolvimento	*0.110*	*0.111*	*0.112*	*0.112*
Valor de p	*0.036*	*0.025*	*0.027*	*0.027*
PopGrowthDep	0.408	0.363	0.308	0.498
Desenvolvimento	*0.393*	*0.399*	*0.328*	*0.399*
Valor de p	*0.299*	*0.363*	*0.348*	*0.212*
LNAvLifeExp	-0.150			-0.144

Desenvolvimento	*0.125*			*0.130*
Valor de p	*0.231*			*0.267*
LNExYSchool	0.052	0.011		0.046
Desenvolvimento	*0.054*	*0.050*		*0.056*
Valor de p	*0.334*	*0.830*		*0.418*
Índice de Herfindahl	**0.200**	**0.140**	**0.125**	**-0.072**
Desenvolvimento	*0.272*	*0.260*	*0.240*	*0.268*
Valor de p	***0.462***	***0.591***	***0.603***	***0.789***
Herfindahl^	**-0.093**	**-0.021**	**-0.013**	**0.175**
Desenvolvimento	*0.254*	*0.235*	*0.226*	*0.248*
Valor de p	***0.713***	***0.928***	***0.954***	***0.480***
LNOilPriceIndex	0.073	0.073	0.073	
Desenvolvimento	*0.015*	*0.015*	*0.015*	
Valor de p	***0.000***	***0.000***	***0.000***	

Constante	0.322	-0.184	-0.166	0.535

Desenvolvimento	*0.443*	*0.120*	*0.086*	*0.462*
Valor de p	*0.467*	*0.123*	*0.055*	*0.248*
Número de observações	**286**	**286**	**286**	**286**
F (k, n-k); wald chi2(k)	61.86	60.10	59.40	20.490
Prob > F; chi2	**0.000**	**0.000**	**0.000**	0.005
R-quadrado	**0.149**	**0.143**	**0.143**	0.089

SADC e 22 países

Quadro 9.1: Estatísticas resumidas dos países da SADC

Variável	Obs	Média	Desv. Dev.	Mínimo	Máximo
dlngdppc	255	0.061	0.135	-0.448	0.471
lngdppctO	255	6.843	1.342	4.652	9.406
grcapformação	255	0.217	0.097	0.015	0.748
popgrowthdep	255	0.056	0.025	-0.011	0.092
lnavlifeexp	255	3.967	0.160	3.736	4.298
lnexyschool	255	2.215	0.322	1.470	2.660

herfindahlindex	255	0.406	0.217	0.062	0.971
herfindahl2	255	0.211	0.223	0.004	0.942
lnoilpricelndex	255	4.225	0.650	3.198	5.278
ano	255	2003	4.909	1995	2011

Quadro 9.2: Estatísticas resumidas de 22 países

Variável	Obs	Média	Std. Dev.	Mínimo	Máximo
dlngdppc	374	0.075	0.141	-0.453	0.471
lngdppct0	374	7.801	1.557	4.795	11.464
poupar	374	0.231	0.132	-0.191	0.773
grcapformação	374	0.226	0.082	0.088	0.748
popgrowthdep	374	0.067	0.010	0.045	0.102
lnavlifeexp	374	4.107	0.197	3.736	4.399
anexo da escola	374	2.354	0.357	1.435	2.868
seufindahindex	374	0.388	0.237	0.062	0.971
herfindahl2	374	0.207	0.222	0.004	0.942

| índice de preços do petróleo | 374 | 4.225 | 0.650 | 3.198 | 5.278 |
| ano | 374 | 2003 | 4.906 | 1995 | 2011 |

Tabela 9.3: Regressões para a SADC e outros 22 países

SADC e 22	paísesSADC22			países		
Variáveis	Linear com erro padrão corrigido pelo painel			Linear com erro padrão corrigido por painel		
Ln(PIBpc t0)	-0.006	-0.002	-0.003	-0.030	-0.022	-0.014
Desenvolvimento	*0.011*	*0.010*	*0.010*	*0.009*	*0.007*	*0.008*
Valor de p	*0.601*	*0.862*	*0.770*	*0.001*	*0.003*	*0.093*
Taxa de poupança				0.332	0.352	
Desenvolvimento	N.A. para todos os países			*0.068*	*0.067*	
Valor de p				*0.000*	*0.000*	
GrCapFormação	-0.005	0.018	0.007	-0.273	-0.256	0.013

Desenvolvimento	*0.091*	*0.087*	*0.090*	*0.099*	*0.099*	*0.092*
Valor de p	*0.959*	*0.834*	*0.941*	*0.006*	*0.009*	*0.892*
PopGrowthDep	0.558	0.478	0.441	-2.660	-2.547	-2.735
Desenvolvimento	*0.352*	*0.339*	*0.341*	*0.826*	*0.826*	*0.856*
Valor de p	*0.113*	*0.158*	*0.195*	*0.001*	*0.002*	*0.001*
LNAvLifeExp	*0.058*		*0.021*	*0.086*		*0.100*
Desenvolvimento	*0.071*		*0.021*	*0.056*		*0.028*
Valor de p	*0.412*		*0.322*	*0.122*		*0.000*
LNExYSchool	-0.033	-0.033	-0.003	-0.045	-0.042	-0.025
Desenvolvimento	*0.043*	*0.043*	*0.044*	*0.032*	*0.032*	*0.034*
Valor de p	*0.450*	*0.438*	*0.944*	*0.162*	*0.192*	*0.459*
Índice de Herfindahl	**-0.163**	-0.157	-0.206	**-0.193**	**-0.203**	**-0.129**

Desenvolvimento	*0.175*	*0.175*	*0.182*	*0.113*	*0.113*	*0.120*
Valor de p	*0.350*	*0.369*	*0.257*	*0.088*	*0.073*	*0.282*
Herfindahl 2^K	**0.253**	0.238	0.303	**0.290**	**0.281**	**0.306**
Desenvolvimento	*0.179*	*0.178*	*0.186*	*0.123*	*0.123*	*0.132*
Valor de p	***0.158***	*0.181*	*0.104*	***0.018***	***0.022***	***0.021***
LNOilPriceIndex	0.061	0.060		0.064	0.061	
Desenvolvimento	*0.013*	*0.013*		*0.011*	*0.010*	
Valor de p	*0.000*	*0.000*		*0.000*	*0.000*	
Constante	-0.333	-0.125		-0.032	0.259	
Desenvolvimento	*0.267*	*0.084*		*0.215*	*0.105*	
Valor de p	*0.213*	*0.137*		*0.883*	*0.014*	
Número de observações	255	255	255	374	374	374

F (k, n-k); Wald chi2(k)	38.600	37.830	68.950	91.810	88.840	138.750
Prob > F; chi2	**0.000**	**0.000**	**0.000**	**0.000**	**0.000**	**0.000**
R-quadrado	**0.132**	**0.129**	0.213	**0.197**	**0.192**	**0.271**

Dados relacionados com as exportações de Angola

Quadro 10: Principais mercadorias ou bens exportados (valores em USD)

N/O	Mercadorias	2011	%
1	Óleos brutos de petróleo ou de minerais betuminosos	62,787,403,668	95.1
2	Diamantes não industriáis em bruto ou simplesmente serrados, clivados...	1,194,930,095	1.8
3	Óleos leves e preparados, destinados a sofrer uma transformação química	583,376,269	0.9
4	Propano	308,950,480	0.5
5	Gasolinas de avioes	188,343,508	0.3

6	Gasóleo destinado a outros usos	151,648,903	0.2
7	Butano	107,499,685	0.2
8	Óleos para motores, compressores, turbinas	105,245,594	0.2
9	Outros querosenes	59,545,465	0.1
10	Outros diamantes não industriais	51,966,263	0.1
11	Partes das máquinas de sondagem ou de perfuração.	43,543,823	0.1
12	Camaroes congelados	20,446,409	0.0
13	Outros óleos lubrificantes e outros	18,834,293	0.0

14	Outros motores e geradores, eléctricos, exceto os grupos electrogéneos	16,958,879	0.0
15	Outras partes das máquinas e aparelhos das posiçoes 84.26, 84.29 ou 84.30	15,673,526	0.0
16	Outros avioes e outros veículos aéreos, de peso superior a 15 000 kg, vazios	15,500,000	0.0
17	Outras obras de ferro ou aço	14,957,582	0.0
18	Outras partes de turbinas hidráulicas, rodas hidráulicas, e seus reguladores	12,906,307	0.0
19	Outros dispositivos - torneiras, válvulas e dispositivos semelhantes...	10,443,361	0.0
20	Outras embarcações para o transporte de mercadorias ou para o transporte.	10,000,000	0.0
	Sub - total	**65,718,174,109**	**99.6**

Outros	**271,792,701**	**0.4**
Total	**65,989,966,810**	**100**

Fonte: Alfandegas de Angola

Tabela 10.1: Principais Mercadorias ou Bens Exportados (Valores em USD)

N/O	Mercadorias	2012	%
1	Óleos brutos de petróleo ou de minerais betuminosos	73,223,143,740	96.80
2	Diamantes não industriáis em bruto ou simplesmente serrados, clivados.	1,087,818,318	1.40
3	Propano	321,500,805	0.40
4	Óleos leves e preparados, destinados a sofrer uma transformação química	254,145,026	0.30
5	Butano	126,914,810	0.20

6	Gasóleo destinado a outros usos	74,170,062	0.10
7	Outras obras de ferro ou ago	59,675,316	0.10
8	Gasolinas de avioes	56,835,638	0.10
9	Óleos para motores, compressores, turbinas	47,849,200	0.10
10	Outros querosenes	27,690,324	0.00
11	Camaroes congelados	21,888,311	0.00
12	Partes das máquinas de sondagem ou de perfuração.	20,549,760	0.00
13	Outros helicópteros de peso superior a 2000 kg, vazios	10,895,036	0.00
14	Outras partes e acessórios de instrumentos e aparelhos de geodesia, topografia.	10,796,994	0.00

15	Outros diamantes não industriais	9,090,638	0.00
16	Novas plataformas de perfuracao ou de exploracao, flutuantes ou submersiveis	8,743,719	0.00
17	Outros contentores, incluindo os de transporte de fluido.	7,350,352	0.00
18	Outras turbinas a gás de potência superior a 5000 kw	7,140,838	0.00
19	Outros garrafoes, garrafas, frascos, boioes, vasos, embalagens tubulares.	6,860,243	0.00
20	Motores hidráulicos de movimento retilíneo (cilindros)	6,628,202	0.00
Sub - total		**75,389,687,334**	**99.70**
Outros		**241,917,590**	**0.30**
Total		**75,631,604,924**	**100**

Tabela 11: Principais parceiros comerciais de exportação de Angola (valores em USD)

N/O	Código	Países	2011	%
1	CN	China	23,946,105,154	36.3
2	EUA	U.E.A	12,193,785,470	18.5
3	IN	Índia	6,964,425,329	10.6
4	TW	Taiwan	5,278,269,945	8
5	CA	Canadá	3,885,185,360	5.9
6	FR	Franca	2,082,705,239	3.2
7	TI	Itália	1,898,180,232	2.9
8	ZA	África do Sul	1,451,939,527	2.2
9	NL	Holanda	1,398,605,715	2.1
10	PT	Portugal	1,304,163,472	2
11	ES	Espanha	697,121,996	1.1
12	GB	Reino Unido*	643,611,174	1

N/O	Código	Países		%
13	AE	Emiratos Árabes Unidos	548,574,072	0.8
14	PE	Peru	524,833,467	0.8
15	BR	Brasil	511,050,728	0.8
16	MEU	Malásia	362,724,289	0.5
17	IL	Israel	328,771,344	0.5
18	CH	Suíga	300,442,712	0.5
19	SE	Suécia	294,532,853	0.4
20	CD	República Democrática do Congo	203,204,381	0.3
		Sub - total	**64,818,232,460**	**98.2**
		Outros	1,171,734,350	1.8
		Total	**65,989,966,810**	**100**

Tabela 11.1: Principais parceiros comerciais de exportação de Angola (valores em USD)

N/O	Código	Países	2012	%

1	CN	China	33,011,093,576	43.6
2	EUA	EUA	11,936,335,622	15.8
3	IN	Índia	7,669,962,229	10.1
4	TW	Taiwan	5,097,930,387	6.7
5	CA	Canadá	2,484,012,700	3.3
6	ZA	África do Sul	2,252,281,245	3
7	PT	Portugal	2,149,476,634	2.8
8	FR	Franca	1,645,405,412	2.2
9	NL	Holanda	1,426,370,644	1.9
10	GB	Reino Unido*	1,166,659,462	1.5
11	CH	Suíga	857,162,071	1.1
12	TI	Itália	806,790,258	1.1
13	PA	Panamá	776,688,334	1
14	ES	Espanha	718,057,032	0.9

15	AE	Emiratos Árabes Unidos	584,515,230	0.8
16	PE	Peru	407,954,267	0.5
17	NÃO	Noruega	338,313,451	0.4
18	ID	Indonésia	323,183,291	0.4
19	GR	Grécia	250,162,329	0.3
20	BR	Brasil	177,210,213	0.2
Sub - total			**74,079,564,388**	**97.9**
Outros			1,552,040,535	2.1
Total			**75,631,604,924**	**100**

Tabela 12: Principais parceiros comerciais de importação de Angola (valores em USD)

N/O	Código	Países	2011	%
1	PT	Portugal	3.411.405.445	16,5
2	KR	República da Coreia	2.338.793.927	11,3
3	NL	Holanda	1.863.206.953	9,0

4	CN	China	1.825.990.613	8,8
5	EUA	ESTADOS UNIDOS DA AMÉRICA	1.670.195.833	8,1
6	ZA	África do Sul	1.004.793.897	4,9
7	BR	Brasil	920.496.936	4,5
8	FR	Franca	870.200.254	4,2
9	GB	Reino Unido	780.363.688	3,8
10	SER	Bélgica	629.250.802	3,0
11	AE	Emiratos Árabes Unidos	417.902.333	2,0
12	JP	Japao	406.913.259	2,0
13	SG	Singapura	355.366.037	1,7
14	IN	Índia	345.541.216	1,7
15	MEU	Malásia	302.926.697	1,5

N/O	Código	País	2012	%
16	DE	Alemanha	299.166.839	1,4
17	ES	Espanha	284.076.643	1,4
18	TI	Itália	233.813.541	1,1
19	NA	Namíbia	210.780.859	1,0
20	TH	Tailandia	206.356.037	1,0
Sub - total			**18.377.541.809**	**88,9**
Outros			2.290.514.058	11,1
Total			**20.668.055.867**	**100.00**

Tabela 12.1: Principais parceiros comerciais de importação de Angola (valores em USD)

N/O	Código	País	2012	%
1	PT	Portugal	4.105.223.411	18,9
2	CN	China	2.555.194.665	11,8

3	SG	Singapura	1.836.637.830	8,4
4	EUA	EUA	1.657.747.652	7,6
5	BR	Brasil	1.141.927.649	5,3
6	ZA	África do Sul	1.088.001.779	5,0
7	GB	Reino Unido	860.164.411	4,0
8	FR	Franga	821.144.339	3,8
9	SER	Bélgica	784.289.474	3,6
10	AE	Emiratos Árabes Unidos	636.829.380	2,9
11	NL	Holanda	614.963.054	2,8
12	JP	Japao	569.322.067	2,6
13	IN	Índia	548.714.727	2,5

14	ES	Espanha	438.213.271	2,0
15	KR	República da Coreia	420.403.796	1,9
16	DE	Alemanha	341.108.512	1,6
17	TI	Itália	282.427.154	1,3
18	AR	Argentina	265.225.422	1,2
19	TH	Tailandia	230.666.535	1,1
20	MEU	Malásia	219.060.951	1,0
Sub - total			**19.417.266.078**	**89,3**
Outros			2.319.253.166	10,7
Total			**21.736.519.244**	**100**

I want morebooks!

Buy your books fast and straightforward online - at one of world's fastest growing online book stores! Environmentally sound due to Print-on-Demand technologies.

Buy your books online at
www.morebooks.shop

Compre os seus livros mais rápido e diretamente na internet, em uma das livrarias on-line com o maior crescimento no mundo! Produção que protege o meio ambiente através das tecnologias de impressão sob demanda.

Compre os seus livros on-line em
www.morebooks.shop

Printed by Books on Demand GmbH, Norderstedt / Germany